Sonja Mittermair

Der Tanz der Archetypen

Eagle

1. Auflage

ISBN: 978-3-946136-21-7

Cover und CD-Label: Franz Mittermair unter Verwendung von Fotos von Beat Frutiger (www.fru.ch)

Bibliografische Information der Deutschen Nationalbibliothek: Die Deutsche Bibliothek verzeichnet diese Publikation in der Deutschen Nationalbibliografie; detaillierte bibliografische Daten sind im Internet über http://dnb.d-nb.de abrufbar.

Eagle Books Verlag
Dipl.Päd. Franz Mittermair
Am Förchet 2
D-83547 Wasserburg am Inn/Penzing
info@eagle-books.com
www.eagle-books.com

Tanz der Archetypen - 2

Inhalt

Vorwort

Eigentlich wollte ich gemeinsam mit der weisen Frau in mir beginnen, dieses Buch zu schreiben. Angebunden an meine innere Weisheit und in Verbindung mit dem großen Ganzen. Nicht zusammen mit der Wilden Frau, denn ich hatte die Fantasie, sie wäre nicht sitzen geblieben, sie hätte gemosert, mich mit Gedanken geplagt: Ich will jetzt raus, mich bewegen, erfahren, nicht schreiben!

Doch meine Weise hat sich als sehr langsam entpuppt. Sie hat meinem Königreich viel Ruhe und Stille verordnet. Die habe ich die letzten Monate auch zugelassen, ohne zu schreiben. Jetzt, im Dezember 2018, ist um mich herum alles tief verschneit, so dass sich kaum einer mehr fortbewegen kann. Ein schönes Bild für mich, jetzt ist es Zeit für mich zu schreiben, genug der Stille gelauscht. Der Anfang ist gemacht.

Wann ist dein Buch endlich fertig, fragen mich meine lieben AusbildungsteilnehmerInnen in der Tanztherapie seit einem Jahr, wir bräuchten es. Wir wollen loslegen. Ich brauchte allerdings nicht nur diesen Ruf der Gemeinschaft, sondern auch meinen eigenen Antrieb, meine Wilde. Ihr verspreche ich, nächstes Wochenende Skifahren zu gehen, wenn sie mich schreiben lässt. Und ich versuche, all meine anderen archetypischen Qualitäten einzusetzen, um dieses Buch herauszubringen.

So jetzt geht's los, Frühjahr 2019. Oder soll ich lieber Essen machen, einkaufen gehen, ach ja mal wieder die Schränke von Altkleidern befreien oder meinen Sohn vom Handy wegbringen? Nein, jetzt schreibe ich dieses Buch fertig! Es ist nicht leicht, alle Archetypen zufrieden zu stellen.

Archetypische Bilder haben mich schon immer sehr interessiert. Sie sind verwoben mit uralten Mythen und Legenden, die schon in sehr alten Zeiten von Männern und Frauen am Feuer erzählt wurden und die tief in unserem Bild vom Mann sein und Frau sein verankert sind. Über den Zugang zu den Archetypen in mir fühle ich mich im Kontakt mit der Ur-Energie und der Urkraft unserer Ahninnen und Ahnen. Leider ist der Brauch abhanden gekommen, sich zu den Ältesten zu setzen und ihren Überlieferungen am heimeligen Kamin oder am Feuer im Tipi zu lauschen. Doch dafür gibt es für mich und meine Generation zum Glück Bücher. Mein Lateinlehrer schenkte mir als Wichtelgeschenk ein Buch über Mythen. Und so las ich schon als Dreizehnjährige von archetypischen Figuren, Helden und Dämonen, viele davon glichen sich in ihren Charakteren. Diese mythischen Geschichten hielten mich so in Bann als wären es meine eigenen Erfahrungen. Vom Amphitheater in Epidauros auf dem Peloponnes war ich begeistert, ich sehe mich dort immer noch unter einem Olivenbaum im Schatten ruhend, wie eingetaucht in die kathartischen Tragödien der Antike. Als ich viel später die Heldenreise von Paul Rebillot kennenlernte, folgte ich weiter dem mythologischen Ruf und eroberte mir meine archetypischen Qualitäten über Erfahrung, Tanz und Bewegung.

Tanz der Archetypen - 6

Hintergrund

Einführung

Es gibt natürlich eine Vielzahl archetypischer Bilder; mit sieben davon habe ich mich intensiver beschäftigt. Inspiriert hat mich das Buch von Ton van der Kroon *Die Rückkehr des Löwen.* Ein Buch für Männer, in dem jedem Archetyp ein Chakra zugeordnet wird. Mein Mann erschuf daraus eine Meditation, die wir in unseren Gruppen ausprobierten und gemeinsam weiterentwickelten.

Doch dann war meine Wilde Frau schneller als die Weise, und die Tänzerin stand auf und tanzte allein und in Gruppen zu den unterschiedlichen Archetypen und Chakren. Ich war gespannt, ob die Bilder einen Ausdruck finden und meine Energiezentren in Schwingung bringen würden. Es funktionierte. Ich glaube, viele Menschen haben bereits Chakren getanzt oder auch Archetypen, aber noch nicht in dieser Kombination und auf sieben konzentriert oder erweitert. Sieben archetypische Bilder, mit sieben Chakren verbunden. Auch die Elemente, die ich schon lange in meine Tanzübungen integriere, konnte ich in den Archetypen finden. Das Wissen um das kollektive Unbewusste, archetypische Bilder, die Lehre der Chakren, das Wissen um die Elemente: Was für eine wundervolle ganzheitliche und heilsame Kombination, um Menschen in Bewegung zu bringen. Bewegungen, Tänze, die Empfindungen in unserem Körperbewusstsein sind neben den Bildern Brücken zu unserem Unbewussten, zu unserem geheimen Königreich, das es verdient, entdeckt zu werden.

So probierte ich mich und in Anleitung mit Gruppen weiter aus. Überprüfte, welche Übungen zu welchen Archetypen passen, wann freie Bewegungen sinnvoll sind, wann gebundene (also vorgegebene). Ich ließ mir sieben Jahre lang von Teilnehmerinnen und Teilnehmern Feedback dazu geben. Schließlich fand ich vor vier Jahren auch noch Musiker, Somos Organicos aus Zürich, und einen Studioleiter, Jochen Scheffter aus München. Im lebendigen Austausch mit mir und den Ausbildungsteilnehmer-Innen der Transformativen Tanztherapie erschufen die Musiker verschiedene Rhythmen für die sieben Archetypen und vertonten diese für den Archetypentanz Ende 2016. Das ist schon bald drei Jahre her. Und alles reifte weiter in mir. Vieles, was ich hier in diesem Buch mitteile, habe ich nicht erfunden, es ist mir wichtig, das zu sagen. Ich fand wieder, was sich zahlreiche Menschen vorher ausgedacht haben. Ich habe Wissen, das schon vorhanden war, gelebt und bewegt wurde, auf meine Art mit neuem Leben erfüllt, meine Ideen dazu verwoben und alles in eine kompakte Form gegossen, in den Tanz der Sieben Archetypen.

Dieser Tanz bereitet mir tiefe Freude, bewegt mich und andere, schafft Bewusstheit und damit Bewusstsein. Er öffnet die Tür zu unserer inneren Landschaft. Zeigt uns eine innere Landkarte für unser Königreich, in dem vielleicht Ressourcen schlummern, Schätze gehoben werden wollen oder Defizite aufgedeckt werden können, um Drachen und Kobolde zu besänftigen.

Ich verwende den Begriff Archetyp im Sinne einer Qualität, sowohl für die männlichen als auch weiblichen Anteile in uns und habe mich gegen das Wort Archetypin entschieden. Auch der Begriff Königreich beinhaltet eine weibliche Königin oder einen männlichen König. Und ich wähle die „du/ihr"-Form, da das die Sprache ist, die ich in meinen Kursen verwende und die von Herzen kommt.

In meinen Tanztherapiekursen habe ich für jeden Teilnehmer und jede Teilnehmerin einen Sarong dabei, ein afrikanisches Tuch, das unterschiedlich eingesetzt wird. Das Tuch im Tanz einzusetzen habe ich in den Seminaren von Ursel Burek gelernt. Nie dachte ich, dass ich einmal mit Tüchern tanzen würde. Ich hatte so viele negative Projektionen auf Tücher und Tanztherapie, am besten noch mit Kreistänzen verbunden. Doch diese Projektionen konnte ich lösen durch die wunderbare

Art und Weise, wie Ursel mir die Vielfältigkeit des Tuches offenbarte.

Auch den von mir nicht gerade geliebten Kreistanz brachte sie mir näher, als Grundform der Versammlung von Menschen aller Kulturen, die sich treffen und in einem Rhythmus zusammenkommen. Mein Widerwille entsprang meiner Projektion oder Übertragung (siehe später). Wäre schade gewesen, wenn ich darin verhaftet geblieben wäre. Ich danke Ursel und mir, denn die Tücher sind ein wundervolles Werkzeug für den Tanz und die Bewegung. Sie schützen, sie betonen Körperregionen, sie verbinden, sie schaffen Grenzen und Raum, sie blühen in der Mitte um die Kerze, sie verwandeln sich in Symbole, Sterne und Kronen, dienen als Peitsche und wirbelnder Teppich.

Ich baue auch immer einen Altar auf, als Ort der spirituellen Verbindung. Dort können die Teilnehmer ihre wichtigen Dinge ablegen, der Raum wird zu unserem Raum und eine Kerze spendet uns das göttliche Licht für die Mitte oder den Rand.

Ich wünsche dir viel Freude mit dem Buch, der Musik und der Umsetzung alleine oder in Gruppen!

Bei der Anleitung der Übungen mit Gruppen setze ich neben der körperlichen Fitness auch eine Ausbildung im tanztherapeutischen Bereich voraus oder die Neugier darauf. Alleine sind die Übungen umsetzbar, es können aber durchaus therapeutische Themen auftreten, Emotionen ausgelöst werden, die professionell betreut werden müssen. Jeden Leser und jede Leserin bitte ich, dieses Material in Eigenverantwortung auszuprobieren und sich notfalls therapeutisch unterstützen zu lassen. Einen Archetypentanz ohne therapeutische Ausbildung im Hintergrund anzuleiten, halte ich für unverantwortlich.

Lasst uns unsere Königreiche finden, erobern und befrieden.

Ursprung der Archetypen

Carl Gustav Jung (1875-1961), Schüler von Sigmund Freud und Begründer der analytischen Psychologie, hat den Begriff des Unbewussten in die Psychologie gebracht. Er war davon überzeugt, dass das Unbewusste geprägt ist von kollektiven Bildern zu Geburt, Mutterschaft, Ehe, Trennung, Tod. Zu allen Zeiten und in allen Kulturen gibt es eine archetypische Verankerung (Vererbung). Archetypen sind somit Erlebniskomplexe, die entstanden sind in einer Zeit, als das Bewusstsein noch nicht dachte, sondern wahrnahm.

„Beseeltes Wesen ist lebendiges Wesen. Wäre die Bewegtheit und das Schillern der Seele nicht, der Mensch würde in seiner größten Leidenschaft, der Trägheit zum Stillstand kommen.“ (C.G. Jung, Archetypen, dtv, S.29)

Archetypen sind energiegeladene Bilder aus dem, was C. G. Jung das kollektive Unbewusste nennt, einer unbewussten Schicht der Psyche, die alle Menschen in sich tragen. In dieser Schicht sind die Grunderfahrungen der Menschheit gespeichert, sozusagen unser gemeinsames Stammesgedächtnis. Sie sind die Urbilder, die Handlungs- und Reaktionsmuster, die sich in uns Menschen über Jahrtausende hinweg gebildet und fortentwickelt haben. Über den Kontakt mit den Archetypen haben wir Zugriff auf diese Verhaltensmuster, können in die eigene Tiefe gelangen und uns wie auch andere besser verstehen. Wenn uns die Energie der Archetypen zugänglich ist, kann diese uns helfen, in Krisen-Situationen angemessen zu reagieren, kreative Wege für unsere Entwicklung zu finden und letztendlich unser Leben zu meistern.

Jeder dieser Archetypen kann im Menschen sowohl in der vollentwickelten, "gereiften" Form als auch in der „ungereiften“ Schatten- Form vorkommen. Alle Archetypen haben zwei gegensätzliche (bipolare) Schattenformen. Ein Plus-Pol entsteht durch übertriebene Ausprägung der Qualitäten des jeweiligen Archetypen, der Minus-Pol durch das weitgehende Ausgrenzen dieser Qualitäten.[1]

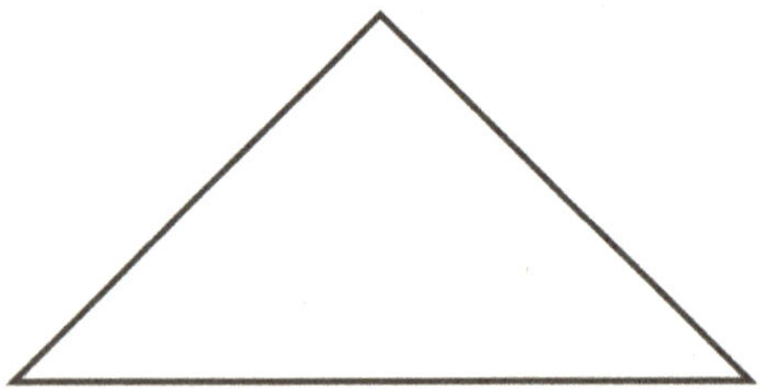

Das System der Archetypen geht davon aus, dass diese ihre Kraft nur gemeinsam entfalten können, dass sie als ganzheitliches System in uns wirken, sich gemeinsam entwickeln, nicht jeder für sich und schon gar nicht unter Ausgrenzung eines einzelnen Aspekts. Die Ausgrenzung eines einzelnen Aspekts führt zur Deformation des Ganzen.

Archetypen und Chakren

Stell dir vor, deine Persönlichkeit, so wie du gedacht warst und bist mit deinem ursprünglichen 360 Grad Blickwinkel, der Fähigkeit, in alle Richtungen und Winkel deines Bewusstseins zu blicken, heißt Königreich. In diesem Königreich wohnen sieben

[1] Siehe auch Mittermair 2019

bedeutsame Kräfte, die wir Archetypen nennen. Sind die Bedürfnisse dieser Archetypen erfüllt, werden sie gesehen, dann herrscht Frieden im Königreich. Ins Psychologische übersetzt: Der Mensch ist zufrieden mit sich und seinem Leben. Leider ist das nicht bei jedem und immer der Fall, und vielleicht liegt viel Nebel über dem eigenen inneren Land, so dass die Drachen oder Missstände, aber auch Schätze und die Schönheiten im Verborgenen liegen. Das Land wird unfruchtbar, Kriege zerstören oder bedrohen viele Orte. Der Mensch stagniert und fühlt sich gefangen oder unzufrieden. Manchmal wird er sogar krank. So ist die folgende Landkarte eine Möglichkeit, Missständen oder Bedürfnissen auf die Spur zu kommen, um nachhaltig zufrieden und gesund zu werden oder zu bleiben. Ich gehe aus eigener Erfahrung mit mir und der Arbeit mit Menschen und damit aus tiefster Überzeugung davon aus, dass jeder Mensch diese sieben Archetypen unbewusst in sich trägt, männlich oder weiblich, oder vielleicht auch beides, und sie mit den sieben Energiezentren verbinden und bewegen kann.

Jedes Chakra ist - in meiner verkürzten Definition und so arbeite ich auch damit - ein Energiezentrum, das verbunden ist mit einer Körperdrüse, die Hormone aussendet, und mit einer Farbe. Durch Bewegung und Bilder kann ich meine Chakren aktivieren, anschalten. Emotionen und Empfindungen können befreit oder wieder gefühlt werden. Jedes der sieben Chakren ordne ich einem Archetypen zu. Auf die Chakrenlehre und deren Erkenntnisse gehe ich in diesem Buch nur kurz bei der Beschreibung der einzelnen Archetypen ein. Dafür gibt es schon genügend Lektüre, die ich im Anhang weiterempfehle. Ich beziehe mich auf die sieben Hauptchakren, mehr will ich mir in Kombination mit Bewegung nicht merken und viele Menschen, mit denen ich gearbeitet habe waren schon froh, wenn der Kopf dasselbe wollte wie das Herz und der Bauch.

Hier ist nun eine Übersicht über die sieben Archetypen, die männlich oder weiblich sein können, ihre Instrumente der Kraft, die die Qualität des Archetypen unterstützt, die dazugehörigen

Chakren, ihre Bedeutung (aus der Arbeit mit Gruppen gewachsen und jederzeit persönlich erweiterbar), die Elemente und die Farben, die den Chakren zugeordnet sind.

Archetyp	Chakra	Bedeutung	Element	Farbe
Heilige/Heiliger Weise/Weiser Bettelstab	Scheitelchakra	Inspiration, göttliche Führung, alte Erfahrung, Freiheit, Verbindung zu den Ahninnen und Ahnen, Verbindung zur großen heiligen Existenz, Meditation, Stille, Einkehr	Äther	lila, kristallin
Magier/in Zauberer/in Zauberstab	Stirnchakra	Vision, Einsicht, Erkenntnis, Wissen, Symbole, Ordnung, Vernetzung, Struktur, Überblick, Weitsicht	Äther	violett
Narr/Närrin Narrenspiegel	Halschakra	Kommunikation, Humor, Ton, Kreativität, Spontaneität	Äther	blau
König/Königin Zepter und Apfel	Herzchakra	Liebe, Mut, Würde, Führung, positive Form von Macht, Verantwortung, Fürsorge, Mitgefühl, Freude, Schönheit	Luft	grün
Krieger/in Speer/ Pfeil und Bogen und Schild	Solarplexus	Schutz, Grenzen, Außen, Aufrichtung, Raum, Wehrhaftigkeit, Standhaftigkeit, Mitte	Feuer	gelb

Liebhaber/in Zauberflöte	Sexualchakra	Lust, Weiblichkeit, Erotik, Sinnlichkeit, Tanz, Genuss, Weichheit, Innen, Fluss	Wasser	orange
Wilder Mann/ Wilde Frau Trommel, Knüppel, Axt	Wurzelchakra	Erdung, Ursprung, Spontaneität, Antrieb, Flucht, Angriff, Kind, Pflanzen, Tiere	Erde	rot

Der Ruf, die Archetypen zu tanzen

Wenn ich den Tanz der Archetypen anleite, beginne ich immer mit der Königin, dem König. Das Königliche in uns steht für unser Zentrum, unsere Identität, unser Herz und die Liebe. Das ist für viele Menschen am Anfang schwer. Erstens, weil das Bild eines Königs oder einer Königin durch alte Projektionen oder Übertragungen und Glaubensätze negativ beeinflusst wurde und zweitens, weil das Herz der Ort unserer Verletzlichkeit ist, den wir nach der Kindheit immer mehr schützen, bis wir den Kern vielleicht gar nicht mehr spüren und mit dem Begriff Liebe nichts mehr anfangen können. Doch gerade darin bestehen die Herausforderung und der Ruf. Spätestens nach den ersten Bewegungen zu diesem Archetyp spüren die Menschen ihren Ruf. Denn viele Hindernisse dabei, im Leben ehrlich in Kontakt mit sich und anderen zu sein, entstehen entweder durch einen Mangel, ein Fehlen oder die Übertreibung von Liebe. Und zwar erst einmal bei sich selbst.

Der Weg der Bewegung und des Tanzes schafft eine Brücke und lässt uns wieder zum Handelnden werden. Wir erschaffen uns unsere Realität nicht nur über unsere Gedanken, sondern auch über den körperlichen Ausdruck. Auch wenn es am Anfang ungewohnt ist, in aktiver Würdespannung durch den Raum zu gehen (dazu später ausführlich), wir noch keinen Zugang zu unserem König, unserer Königin finden, weil vielleicht noch Mutter oder Vater auf dem Thron sitzen. Wir dürfen aufstehen und uns bewegen, immer und zu jedem Augenblick, so wie wir es gerade können. Und sollten sich nur die Arme erheben und wir unser Zepter in die Hand nehmen. Was ist der Herzenswunsch deiner inneren Führung?

Von der Herzensenergie ausgehend bewegen wir uns zuerst zu den Archetypen des Bauches ins untere Königreich, der Wilden (Erde) und Liebenden (Wasser), vertikal. Dann zum Krieger/der Kriegerin (Feuer) und zurück zur Königin/zum König (Luft). Ich kann entdecken oder integrieren, was in der bisherigen Entwicklung eventuell abgespalten wurde, wie z.B. Lust, Eigen-Macht, Sexualität, meine ursprüngliche Lebenskraft, die Fähigkeit mit allen Sinnen zu genießen und zu lieben, voller Fürsorge und Mitgefühl für mich und andere zu sein. Ist die Identität und Energie stark genug, die Verbindung zu den Elementen Erde, Feuer, Wasser, Luft wiederhergestellt und körperlich erinnert, gehe ich einen geerdeten Weg, um das obere ätherische Königreich zu entdecken, die Närrin/den Narren in mir, die Magierin/den Zauberer und schließlich den weisen Teil in mir.

Wenn du Menschen anleitest oder die Übungen alleine machst, sei dir bewusst, dass bei allen Bewegungsangeboten der einzelnen Archetypen gilt, nicht bei Not und Mangel hängen zu bleiben, sondern die Not, die Sehnsucht, das Bedürfnis zu tanzen oder die Qualitäten, die ich mir für mich wünsche, zu bewegen. Oft steht sonst die Trauer, häufig bei der Königin/dem König, über das Nicht-Haben oder Sein-Dürfen im Vordergrund und lähmt oder bestätigt die Ohnmacht, lässt dich erstarren oder bewegungsarm werden. Die Wut, die aus dem Mangel oder der Ungerechtigkeit resultiert, kann ich als Grundgefühl gut in die Bewegung umsetzen, aber auch die darf sich zum Grundantrieb, zur vitalen Lebenskraft verwandeln, meistens bei der Wilden Frau/dem Wilden Mann oder dem Krieger/der

Kriegerin. Mit Grundgefühlen meine ich die Fähigkeit, meine echten Gefühle zu empfinden. Dazu gehören Liebe (Mitgefühl für sich und andere), Trauer, Zorn/Wut (positive Fähigkeit zu fliehen und anzugreifen, um sich zu schützen, die wir mit allen Säugetieren gemein haben) und Freude. Angst ist oft eine Hüterin, die mich vor diesen Gefühlen schützt, weil ich sie als Kind nicht leben konnte, sie verletzt, missachtet oder unterdrückt wurden. Das Schöne ist, dass wir keine ungeschützten Kinder oder unverstandene Pubertierende mehr sind, auch wenn es sich manchmal noch so anfühlt und wir jetzt aufstehen und tanzen können, um unser Königreich neu zu gestalten.

Projektion, Übertragung und Introjektion

Nachdem alles, was wir jetzt in Bewegung setzen, etwas mit uns und unserem Blick auf die Welt zu tun hat, ist es wichtig, dass wir selbst und die Menschen, mit denen wir arbeiten, sowie die psychischen Mechanismen der Projektion, Übertragung und Introjektion kennen. So können wir verzerrte Bilder wieder klarer sehen und Eigenschaften zu uns nehmen, die zu uns gehören, oder solche abgeben, die nicht zu uns gehören. Manchmal vernebeln Projektionen, aber vor allem auch Übertragungen das unverfälschte, reine Bild des Archetypen.

Projektion

Projektionen sind psychologische Verzerrungen, das bedeutet, dass man auf eine andere Person eigene positive oder negative Züge oder Eigenschaften projiziert, die man sich nicht zugesteht oder an sich selbst nicht gerne sieht.

Der Begriff kommt vom dem lateinischen Verb »proiciare« (vorwerfen, hin- und wegwerfen, verachten, verschmähen, fortjagen).

Das Projizieren besteht darin, das Objekt zu leugnen oder zu negieren, es also nicht so wahrzunehmen, wie es ist. Stattdessen werden ihm Eigenschaften unterstellt. Das Objekt wird mit etwas Eigenem (Interpretation, Halluzination, Fantasieprodukt o.ä.) überblendet. Besonders problematisch wird dies, wenn es sich dabei um Dinge handelt, die man bei sich selbst ablehnt.[2]

Übertragung

Übertragung bedeutet, Gefühls- und Verhaltensmuster, die man z.B. bei dominanten Gestalten in der Kindheit erlebt hat, auf Personen in gegenwärtigen Beziehungen zu verlegen, zu übertragen. Ich übertrage das Bild einer mir bekannten Person, zum Beispiel das meiner Mutter oder meines Vaters auf eine andere Person. Mutter- oder Vaterübertragungen entstehen häufig, wenn Paare ein Kind bekommen. Die Frau sieht nicht mehr den Mann und Geliebten in ihrem Partner, sondern nur noch den Vater und umgekehrt.

Übertragungen und Projektionen verlaufen leider - oder auch manchmal zum Glück - unbewusst und deshalb wissen wir oft nicht, warum wir eine bestimmte Person nicht leiden können oder besonders toll finden oder uns sogar verlieben.

Zu dieser Thematik gibt es viel Literatur[3], falls du dich damit weiter beschäftigen möchtest. Festzustellen in Bezug auf die Archetypen ist, dass jeder von uns die Fähigkeit besitzt, Projektionen und Übertragungen zurückzunehmen, zu integrieren und

---

[2] nach Blankertz/Doubrawa 2005

[3] Zur Projektion positiver Eigenschaften z.B. Sanford 2018, zur Projektion negativer Eigenschaften Bly 2018

zu lösen, was zu mir gehört oder gehören könnte und was nicht. Der Vorteil dieser Fähigkeit ist, dass ich mich an bestimmte Bilder, die mir gut gefallen, an die positive Kraft ankoppeln kann und mich an verborgene Fähigkeiten, die verloren gegangen sind, erinnere oder neue erobere. Aggression hat, positiv gesehen, eben nichts mit Gewalt zu tun. Sie ist die Fähigkeit, mich zu wehren (Krieger/in), mich zu schützen, mich abzugrenzen und ist verbunden mit unserem Urantrieb, die Fähigkeit zu Flucht und Angriff unserer Vorfahren (Wilde Frau/Wilder Mann).

Introjektion

Introjekte sind Glaubensbotschaften, die uns Menschen mitgegeben haben, die unser Weltbild beeinflussten und unsere Identität prägten. Das können die Eltern sein oder Lehrer/Lehrerinnen oder auch Verwandte und Freundinnen/Freunde. Sicher gibt es auch Introjekte, die Gruppenzugehörigkeit vermittelten und zur Abgrenzung verhalfen. Die Frage ist, welche Glaubensätze die meinen sind und welchen ich immer noch folge wie ein kleines Kind oder Jugendlicher, und die mir Kraft nehmen und mich lähmen. Sollten diese bei den Archetypen auftreten, hinterfrage sie, ob du sie heute als erwachsene Persönlichkeit noch brauchst.

Beispiele für lähmende, kraftraubende Introjekte sind zum Beispiel: „Du bist nicht gut genug.“, „Du gehörst nicht dazu.“, „Du bist zu viel.“, „Du machst alles falsch.“, „Stell dich nicht so in den Mittelpunkt.“, „Laut und aggressiv sein ist verboten, dann liebt dich keiner mehr.“ usw.

Tanz der Archetypen - 20

Der Weg durch die Archetypen

In diesem Abschnitt folgen wir einem Weg, indem ich dich einlade, die sieben Archetypen nacheinander zu besuchen. Auf die Beschreibung der Eigenschaften der Chakren und archetypischen Bilder folgen Übungen, die für die Erforschung und Stärkung des jeweiligen Energiezentrums und Archetypen aus meiner Erfahrung besonders geeignet sind.

Ich beginne beim Herzen, dem König/der Königin und besuche dann die unteren Zentren von der Wilden Frau/dem Wilden Mann über den Liebenden/die Liebende zur Kriegerin/dem Krieger und zurück zum König, zur Königin. Dann beginnt der Weg nach oben über die Närrin/den Narren und den Magier/die Magierin zur Weisen Frau/dem Weisen Mann.

Dass ich beim Herzen beginne, hat wie bereits erwähnt verschiedene Gründe. Das Herz-Chakra bildet den Mittelpunkt des Chakren-Systems. In ihm sind die drei unteren körperlich-emotionalen Zentren mit den drei oberen geistig-spirituellen Zentren verbunden.

Das Herzchakra ist der Mittelpunkt des Körpers, wie der König und die Königin Mittelpunkt ihres Reiches sind. In verschiedenen Mythologien gilt der König/die Königin als Verkörperung seines/ihres Landes. Wenn es dem König/der Königin gut geht, geht es auch dem Land gut, wenn er/sie von seinem/ihrem Herzen aus regiert, herrschen Ordnung und Harmonie im Reich.

Dass das Herz im Mittelpunkt steht, folgt nicht nur meinem eigenen Erleben und meiner Wertigkeit, sondern auch alten Traditionen. Schon in der Bibel (1 Kor. 13) steht: „Und hättet ihr der Liebe nicht, dann wäre alles nichts." Oder (1 Joh. 4): „Gott ist Liebe; und wer in der Liebe bleibt, der bleibt in Gott und Gott in ihm." (Luk. 10, 27): „Du sollst deinen Nächsten lieben wie dich selbst." Auch der kleine Prinz von Saint-Exupéry mahnt uns, mit dem Herzen zu sehen.

So gibt es viele Traditionen, die die Liebe in den Vordergrund stellen. Und die Liebe ist am verletzlichsten. Tragödien, Dramen, Mythen, Gedichte, Erfahrungsberichte, überlieferte Texte aus den verschiedenen Zeitaltern erzählen davon. In diese ursprüngliche Liebesfähigkeit zurückzukehren, käme dann wohl dem Bild vom Paradies sehr nahe und ist ein ewig menschliches Streben. So lohnt es sich in Bewegung zu bleiben, um unser Herz für uns und andere zu öffnen.

Tanz der Archetypen - 24

Der König, die Königin

Ich beginne die Reise durch die Archetypen, wie bereits erwähnt, bei der Königin und dem König im Herzchakra. Der Archetyp der Königin oder des Königs entspricht dem vierten Chakra, auch Herzchakra und im Sanskrit Anahata-Chakra genannt. Seine Kraft entfaltet sich aus dem Brustbereich, dem Herzen, der Lunge. Diesem Chakra wurde in der Chakrenlehre die Farbe Grün zugeordnet. Die Farbe steht für Herzenswärme, Mitgefühl, Herzensmut und die Fähigkeit des Menschen sich mit den Emotionen zu verbinden. Zugehörig ist das Element Luft. Es öffnet sich nach vorne.

Ausgestattet ist er/sie mit den Instrumenten Zepter, Reichsapfel und Krone. Die nach oben hin offene Krone betont, dass es für den König/die Königin wichtig ist, sich dem göttlichen Willen unterzuordnen. Er/sie hat zwar die Verantwortung für sein/ihr Reich und für die weltlichen Angelegenheiten, muss sich aber auch führen lassen. Nicht seine/ihre eigenen Wünsche und Vorstellungen, sondern das Wohl des ganzen Landes haben Priorität. Er/sie ist gleichzeitig Diener Gottes und Führer/Führerin des Landes.

Symbol für diese Verbindung ist das Zepter. Es ist ein Stab mit einer Kugel, die das Weltliche, die Erde darstellt und einem darauf stehenden Kreuz, Symbol für das Göttliche. Aufgabe des

Königs/der Königin ist die Verbindung dieser beiden Welten, des Himmels und der Erde.

Schattenseiten

Bei vielen Menschen ist der Herzbereich verschlossen und verhärtet. Der Grund dafür sind in der Regel emotionale Verletzungen. Und die Folge ist, dass sie entweder „herzlos" sind, vielleicht gerne lieben würden, es aber nicht fühlen können, vielleicht auch hart und egozentrisch sind, oder dass sie sich kein „Herz fassen" können, mutlos und antriebsschwach sind.

Manche Menschen möchten gerne geben, für andere da sein, ohne mit der Quelle der Liebe verbunden zu sein. Sie versuchen, das Gefühl der Liebe durch Reden und Tun zu ersetzen. Mehr oder weniger bewusst erwarten sie für ihre „Liebe" Dank und Anerkennung und sind enttäuscht, wenn ihre Bemühungen nicht genügend gewürdigt werden.

Andere fühlen sich mächtig und stark, geben vielleicht auch von ihrer Kraft ab, sind aber nicht fähig, Liebe anzunehmen. Sich zu öffnen, sich hinzugeben, Zärtlichkeit zu empfangen, fällt ihnen sehr schwer. Möglicherweise reden sie sich ein, dass sie die Liebe anderer nicht brauchen. Diese Haltung geht oft mit einer gepanzerten, aufgeblasenen Brust einher.

Ist diese Abwehr von sanften Gefühlen stark ausgeprägt, können diese Menschen auch sehr hart und egozentrisch werden, selbstsüchtig ihre Interessen durchsetzen und keinerlei Mitgefühl zeigen.

Ist das Herzchakra dagegen unterentwickelt, ist man leicht verletzlich und abhängig von der Zuneigung anderer. Dies kann zu übertriebener Anpassung führen. Ich versuche, die Bedürfnisse der anderen zu erraten und zu befriedigen, bin besonders freundlich und zuvorkommend, stelle aber meine eigenen Wünsche hinten an und kann mit Zurückweisung nicht umgehen.

Mir fehlt der Herzensmut, um mich immer wieder für Kontakt zu öffnen und tiefer einzulassen.

Übungen für die Königin, den König

Aktive Würdespannung (alleine/in der Gruppe)

Statt König und Königin sind auch andere Bilder für liebevolle Führungspersönlichkeiten möglich, wie der Hirte mit Hut und Stab, der Indianerhäuptling mit seiner Federhaube oder die Waldkönigin mit ihrem Blumenkranz.

Nimm ein Bild, das dir gefällt. Vielleicht entwickelt es sich auch erst über die Bewegung. Löse dich von alten Bildern. Löse dich von gelernten Glaubenssätzen (Introjekten), Projektionen und Übertragungen wie: „Das gehört sich nicht.", „Schuster bleib bei deinen Leisten"., „Bleib schön klein, dann passiert dir nichts", „Bleib mein kleines Mädchen, mein kleiner Junge.", „Bescheidenheit ist eine Zier,", „Könige sind Despoten und machtgierig." usw.

Stell dir vor, du trägst eine Krone auf dem Kopf (vielleicht ein zur Krone zusammengerolltes Tuch), einen königlichen Umhang (auch ein Tuch) und schreitest durch den Raum. Wie bewegst du dich, selbstsicher oder schüchtern? Was nimmst du wahr, wie geht es dir mit deiner Königswürde und in der Gruppe? Wie ist es, so mächtig, kraftvoll, würdevoll gesehen zu werden? Alleine kannst du es natürlich auch ausprobieren oder mit deinem Partner. Auch würdevoll zum Einkaufen zu gehen hebt deinen Brustkorb und dein Blick geht nach vorne, damit die Krone nicht herabfällt. Du bewegst dich in einer aktiven Würdespannung.

Viele Menschen haben Angst vor ihrer eigenen Herzensstärke und Macht. Macht verwende ich in dem Sinne, dass ich die Macht habe über mein Reich, im Gegenzug nicht ohnmächtig oder gelähmt bin. Ich mache etwas von Herzen. Ich zeige mich mit meinem Mitgefühl für mich und andere, so dass jeglicher Machtmissbrauch ausgeschlossen ist. Da können schon die ersten Erkenntnisse über Verletzungen aufkommen. Gehe deshalb behutsam mit dir und den anderen um. Manchmal müssen die Könige oder Königinnen erst hinter dem Thron hervorkommen, da vielleicht Mutter oder Vater darauf sitzt. Vielleicht ist der Prinz oder die Prinzessin auch noch in der Pubertät hängengeblieben und will gar nicht erwachsen werden. Viel einfacher, weiter im Schmerz des nicht geliebt Werdens zu bleiben, auch das gibt Aufmerksamkeit! Und es ist gewohnt. Oder ewig auf den rettenden Partner, die eine Partnerin warten und im Schlossturm von Dornen umrankt dahindämmern oder die Einöde nie verlassen. Auch spürbar als drückende Enge oder Stich im Herzen, gepaart mit Tränen. Was würde passieren, wenn der eigene König/die eigene Königin plötzlich erwacht, sich spürt und voller Würde durch den Raum gleitet, schwebt? Wenn Herzensfreude empfunden werden könnte? Nur durch die bewegte Aufrichtung?

Ritualraum meiner Würde (in Paaren)

Ich binde mein Tuch als Schleppe, mein/e Tempelhüter/in trägt meine Schleppe. Als Königin/König gehe ich durch den großen Raum, nehme wahr, wie es sich anfühlt, von hinten geschützt zu werden. Manche möchten den Schutz lieber von der Seite (das heißt, wenn ich diese Übung anleite, muss ich offen bleiben für die unterschiedlichen Bedürfnisse von Nähe und Distanz).

Schließlich bleibe ich als König/Königin im Raum stehen. Jetzt zeige ich mein Reich, d.h. ich gehe vier Schritte in eine Richtung und bilde durch je 4 Schritte pro Seite ein Quadrat. Vier kleine Schritte, je nach Platz im großen Raum. Dann gehe ich als Königin/König in mein Reich und die Tempelhüterin/der Tempelhüter (ich kann meinen Körper auch als Tempel bezeichnen) läuft die Grenzen meines Reiches ab (das Quadrat, das zuvor von der Königin mit Schritten abgesteckt worden ist). Ich als

Königin/König nehme wahr, atme tief in meinen Brustkorb. Wie fühlt sich das an?

Nun werfe ich als Königin/König meinen Umhang, meine Schleppe an die Stelle, an der sich der Eingang/Ausgang meines Königreiches befindet.

Die Tempelhüterin/der Tempelhüter nimmt den Umhang zu sich, schüttelt ihn aus, „reinigt" ihn symbolisch von Altlasten und bildet dann mit dem Tuch eine Krone (das Tuch mit kreisenden Bewegungen zu einer Tuchschlange bilden, dann um die Hand wickeln, so dass ein Krone entsteht). Als König/in trete ich nach außen, der Hüter/die Hüterin des Reiches krönt mich.

Als gekrönte Königin/gekrönter König schreite ich zusammen mit der Tempelhüterin/dem Tempelhüter durch den Raum.

Dann wandert der König/die Königin ohne die Tempelhüterin/den Tempelhüter durch den Raum und begegnet anderen Königen und Königinnen. Der/die Tempelhüter/in bleibt aber in Kontakt mit dem König/der Königin.

Die Königin/der König kehrt zurück in den ursprünglichen Raum der Würde zur Hüterin/zum Hüter des Raumes.

Wir danken fürs Dienen und Schützen. Anschließend tauschen wir die Rollen und schließen mit einem kurzen Austausch ab (je 5 Minuten).

Gehen im Raum

Wir gehen im Raum mit dem inneren Bild von Höhe und Weite. Aufrecht, klar, machtvoll. Eine schöne Affirmation dazu ist: Ich halte das Zepter meines Lebens in der Hand, trage die Krone auf dem Kopf.

Nimm die linke Hand auf dein Herz, oder die innere Handkante, und gehe weiter. Zeige deinen inneren Raum der Würde, indem du jeweils einer anderen Königin, einem anderen König begegnest, ihr eure Arme öffnet, wie zu einer Umarmung, und ihr euch kurz voreinander verneigt mit den Worten: „Ich würdige dein Königreich.“

Verbindung spüren zum Himmelreich/zur eigenen Mitte/nach unten zu Mutter Erde

Ich spüre die Aufrichtung des Königs/der Königin über meine Wirbelsäule. Ich nehme meine aktive Würdespannung wahr. Ich stelle mir vor, dass ich über mein Scheitelchakra wie mit einer unsichtbaren Schnur mit dem Himmel verbunden bin und entspanne dabei meine Schultern. Meine Arme breite ich aus, wie die Flügel eines Adlers, um die Weite in mir zu spüren und meinen Brustkorb zu dehnen. Ich hebe meine Arme und Hände nach oben Richtung Himmel, um mich in der Höhe zu erfahren. Ich berühre den Boden mit den Händen, indem ich einen Knicks mache, um mich mit Mutter Erde zu verbinden.

Führen und geführt werden (Partnerarbeit)

Ich gehe durch den Raum und führe meinen Partner/meine Partnerin und lasse mich führen (Augen schließen).

Übung mit Stäben als Symbol der Kraft

Wir benutzen Besenstiele aus dem Baumarkt oder Gymnastikstäbe. Diesen Stock kannst du dann auch für die Kriegerin/den Krieger nutzen. Mit diesem Symbol schreiten wir durch den Raum als Königin/als König, gehen in Kontakt mit den anderen, nutzen dabei den Stock als Grenze. Verbinden uns beim Gehen mit den Themen: Würde, Aufrichten und Verantwortung übernehmen: Ich zeige mich in meinem Licht.

Tanzen mit LED-Lichtkugeln als Reichsapfel

Die Kugel dient als Symbol meines Reiches. Sehr schön ist es, abends im Dunklen mit LED-Kugeln zu tanzen. Sie sind leicht und verleihen dem Raum über die Bewegung und ihr Funkeln einen Zauber und eine Erhabenheit, die später auch die Magierin/der Magie r nutzen kann.

Offene, freie Bewegungen

Ich tanze offene Bewegungen: Freies Tanzen nach erhebender, luftiger, leichter, vielleicht auch klassischer Musik.

Beispiele: Cirque de Soleil *Allegria*, Carl Jenkins *Adiemus*

Statuebilden

Jede Frau, jeder Mann kann vor und nach den Übungen eine Haltung oder Statue für die Figur des Königs/der Königin einnehmen, um Veränderungen festzustellen im inneren Fühlen und Gewahrsein. Dazu kannst du wie folgt anleiten: Stell dir vor du bist ein Bildhauer/eine Bildhauerin und dein Körper ist flüssiges Material: Welche Haltung nimmst du jetzt ein für deinen König/deine Königin? Wie hältst du deine Wirbelsäule, wie stehst du oder sitzt du, welcher Fuß ist stärker belastet, wie ist deine Gestik und Mimik?

Kreistanz

Nach jedem Archetyp kannst du auch einen Kreistanz einbauen, wenn du gerne Kreistänze tanzt und anleitest.

Für den König, die Königin eignet sich der israelische Kreistanz *Karev Yom* – der Tag wird kommen – die Nacht wird kommen

Ich zähle die Takte innerlich immer von 1-8. So habe ich den Tanz gelernt:

1-4: Ich gehe vier Schritte in Kreismitte, hole dabei die rechte Hand zur Brustmitte von außen nach innen ein. Die rechte Hand liegt nun bei 4 auf der Brust.

5-8: Mein rechtes Handgelenk wächst mittig zum Himmel, bei 8 streckt sich meine Hand weit nach oben. Ich verbinde mich mit der Kraft des Himmels.

1-4: Dann verbeuge ich mich mit einem Knicks nach unten und berühre mit der rechten Hand die Erde. Ich nähre mich aus der Erde.

5-8: Mit beiden Händen schöpfe ich die Kraft aus der Erde, hebe die Hände geformt wie eine Schüssel über den Kopf.

1-4: Über dem Kopf formen die Hände sich zu einer Blüte, indem die Handgelenke sich berühren und die Finger nach oben gerichtet die Blütenblätter symbolisieren.

5-8: Ich gehe wieder nach hinten außen mit dem rechten Fuß beginnend, dabei öffnet sich die Blüte über dem Kopf und die Arme strecken sich zum Himmel.

1-4: Nun wiege ich mich mit erhobenen Armen viermal hin und her (rechts-links), ich wiege mich im Wind.

5-8: Jetzt verstecke ich mich wie zu einem Schutz unter die einhüllende Bewegung meines rechten Armes. Wie unter einen Flügel verberge ich meinen Kopf.

1-4 Dasselbe mache ich mit dem linken Arm.

5-8: Schließlich öffne ich meine Arme nach außen.

1-4: Ich lege beide Hände überkreuzt auf die Brust, die linke Hand wird von der Rechten bedeckt.

5-8: Nun tanze ich vier Kreuzschritte nach rechts, die Hände bleiben auf Brusthöhe, und beginne dabei mit dem linken Fuß den rechten Fuß zu kreuzen.

1-4: Auf vier Takte lass ich meine Hände wieder seitlich sinken.

Dann beginnt wieder alles vorne, bis die Musik ausklingt.

Tanzanleitungen gibt es auch im Internet mit unterschiedlichen Versionen. Nimm dir die, die du kennst oder gut tanzen kannst. Du kannst auch einen eigenen Kreistanz kreieren, der zu deiner Königin/deinem König passt.

Musik: *Karev Yom*, von vielen Interpreten, z.B. Congregation Bet Haverim, Yaffa Yarkoni, Jewish Holiday Songs Vol 3.

Malen

Ich lasse die Teilnehmer/innen gerne auch malen. Zu jeder archetypischen Qualität malen sie ein Bild. Das kannst du auch alleine für dich machen. Teile das Blatt in sieben gleich große Bereiche auf. Am besten mit einem Kreis in der Mitte und dann sechs Strahlen nach außen. Male dann im Lauf der Sonne, aus der Mitte von links nach rechts ein Mandala. Teil eins wäre dann die Herzensenergie, die Königin/der König in der Mitte.

Gespräch und Eigenschaften sammeln

Auch ein Gespräch oder eine Besinnung zur Frage: Um was geht es der Königin, dem König, welchen Herzenswunsch hat sie/er, ist sinnvoll und erkenntnisreich?

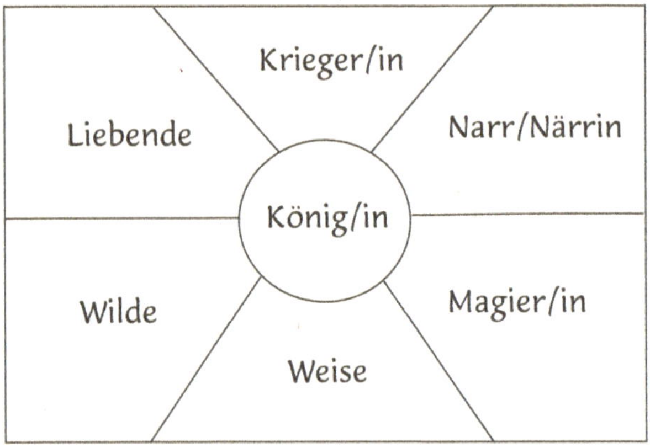

Fragen zu allen Archetypen auf einem Flip zusammenzufassen, hat sich auch als hilfreich erwiesen. Nach jedem Archetyp gibt es dann einen kurzen Austausch oder Einzelbesinnung.

- Was hat sich verändert?
- Was oder wen brauche ich als Unterstützung für diese Qualität?
- Was oder wer hindert mich, diese Qualität zu leben?
- Was wünsche ich mir, um diese Qualität noch mehr in meinem Leben zu integrieren und zu leben?
- Welche praktischen Möglichkeiten oder Schritte gibt es dafür konkret in meinem Alltag?

Dann kannst du auf einem Papier nach jeder Übung für einen Archetypen Qualitäten sammeln und festhalten, die dir in Bezug auf ihn wichtig sind. Die Grafik zeigt eine Auswahl, die ich mit meinen Teilnehmer/innen auf einen Flip zusammengetragen habe.

König/in

mächtig stolz gütig
verantwortungsvoll weise
geheimnisvoll
klar
präsent sanft
würdevoll
gerecht
gelassen
kraftvoll liebevoll
wunderschön zentriert
natürlich
demütig mitfühlend
interessiert
aufrecht aufrecht

Sind wir im Kontakt mit der königlichen Seite in uns, ist es sinnvoll, sich auch der anderen Kräfte gewahr zu werden, um die eigene Liebesfähigkeit nicht zu verletzen oder zu überfordern. So kann die Kriegerin/der Krieger in mir vorher schon ein Stopp signalisieren zum Schutz der Königin/des Königs oder die Wilde Frau zum Angriff oder der Flucht verhelfen bei Gefahr. Die magische Seite kann den Überblick behalten, Struktur schaffen und die Weise den göttlichen Funken einsprühen: Eine Idee, die plötzlich die Lösung des Problems enthält und quasi aus dem Nichts kommt.

Oder die Liebhaberin/der Liebhaber in mir wird mich endlich wieder daran erinnern, das Leben mit allen Sinnen zu feiern und zu genießen. Wenn dann auch noch der Narr/die Närrin sich wahrhaftig, stimmig und lebendig ausdrücken darf, was für eine entspannte Regentschaft ist das für meine Königin/meinen König!

Der Wilde Mann, die Wilde Frau

Der Archetyp des oder der Wilden entspricht dem ersten Chakra, auch Wurzelchakra und im Sanskrit Muladhara-Chakra genannt, das seine Kraft im Beckenboden konzentriert und so der Erde am nächsten ist. Diese Qualität ist auch dem Element Erde zugeordnet. Diesem Chakra wurde in der Chakrenlehre die Farbe Rot verliehen. Sie steht für Lebensenergie, Leidenschaft und Kraft.

Dieser Archetyp verweist auf unsere ursprüngliche, wilde Natur. Er zeigt sich als das Tier, der Tiermensch wie Enkidu, der wilde Bruder von Gilgamesch im alten sumerischen Mythos, der Eisenhans im Märchen der Gebrüder Grimm oder die Schamanin, der Medizinmann, die Heilerin, die Hexe, die Wolfsfrau, die Knochenfrau, der Werwolf, die Wildkatze. Natürlich gibt es unzählige weitere Bilder dafür. Jeder Mensch kann seine eigenen Bilder entwickeln.

In der Wilden Frau/dem Wilden Mann sind wir verbunden mit der Erde, der Urmutter, der Urkraft, aus der alles wächst und gedeiht, und mit ihren besonderen Kräften. Hier sind wir eins mit der Natur, den Tieren und Pflanzen, mit ihren Kräften und Spirits, dem Reich der Kobolde, Zwerge und Elfen. Das Steißbein zeigt noch die Verbindung zum Tierreich.

Hier sitzt unser Urvertrauen, unser Grundantrieb, die natürliche Fähigkeit zum Rhythmus und zur Bewegung. Die positive

Aggression kann im Dienste unserer Selbst- und Arterhaltung genutzt werden, die Fähigkeit, sich zur Wehr zu setzen, zu fliehen oder anzugreifen. Hier ist der Sitz unserer Genitalien und unserer Fähigkeit zur Fortpflanzung. Hier besitzen wir das Potential, neues Leben zu schaffen, zu zeugen und zu gebären.

Eine gute Verbindung zu einem starken und freien Wurzelchakra und dem damit verbundenen Archetyp ermöglicht es dem Menschen, mit beiden Beinen auf dem Boden zu stehen und für seine Absicherung in der Welt zu sorgen. Sie sorgt für Lebenswillen, Lebenskraft, Durchhaltevermögen und Durchsetzungskraft.

Dieses Zentrum versorgt Darm, Knochen, Beine und Füße mit Energie. Ist es gesund, so zeigt sich das in stabilen Knochen und Zähnen, einer guten Ausscheidungsfunktion und einem starken Kreuz.

Der Symbol-Stab des Wilden Mannes und der Wilden Frau ist der Knüppel, vielleicht auch die Keule, Axt oder Trommel. Diese Instrumente symbolisieren die erdverbundene Urkraft. Manchmal wird er auch als Baum oder Knochen abgebildet. Für Männer hat der Knüppel noch eine besondere Bedeutung: Er steht auch für den Phallus. Der Phallus besteht aus Hoden und Penis, der Verbindung von Fruchtbarkeit und geerdet sein einerseits und aktiver Tatkraft andererseits. Die Klitoris und die Vagina bei den Frauen symbolisieren Lebenslust und Fruchtbarkeit, verbunden mit der großen Schöpferin und Gebärenden, Mutter Erde, die nährt und hält, schützt und trägt.

Schattenseiten des Wilden Mannes/der Wilden Frau

Wir dürfen die Verbindung zur Erde nicht verlieren oder müssen sie wieder finden, wollen wir heil werden. Menschen, die nicht geerdet sind, laufen Gefahr, sich zu verlieren, wenn sie den Weg nach oben antreten. Bei vielen Menschen in der Esoterik-Bewegung ist dieses Problem zu beobachten. Eine nicht geringe Zahl von ihnen landet schließlich in der Psychiatrie.

Im Laufe der Entwicklung des Patriarchats und dessen, was wir Zivilisation nennen, haben wir uns immer mehr von unserem natürlichen Ursprung abgeschnitten. Die Qualität des/der Wilden wurde unterdrückt und sogar verfolgt.

Folgen einer zu geringen Verbindung mit dem Wurzelchakra und dem Wilden Mann/der Wilden Frau oder von Blockaden in diesem Bereich sind Energiemangel, Kraftlosigkeit, Antriebslosigkeit, Unsicherheit und ein geringes Vertrauen in das Dasein.

Ist dieser Archetyp überbetont oder fehlgeleitet, so geht das meist auf einen Mangel an Urvertrauen zurück, der zu einer einseitigen Orientierung an materiellem Besitz oder an sinnlichen Reizen und Genüssen führt. Das Handeln ist vorrangig auf die Befriedigung der eigenen Bedürfnisse und Sicherheit ausgerichtet, Loslassen fällt schwer. Die gewaltsame Durchsetzung eigener Vorstellungen und Wünsche gehört auch zu den Symptomen einer Störung in diesem Bereich. Wut, Ärger und Gewalt sind im Grunde Verteidigungsmechanismen, die auf einen Mangel an Urvertrauen zurückgehen. Dahinter steht die Angst, zu verlieren oder erst gar nicht zu bekommen, was für die Sicherheit und das Wohlbefinden nötig ist.

Übungen zum Wecken der Wilden Frau, des Wilden Mannes

Übungen im Liegen

Bei der Wilden Frau und dem Wilden Mann leite ich viele Übungen aus dem Liegen heraus an, damit sich die Teilnehmenden mit der Erde verbinden, sich aus der Schwerkraft im Liegen aus der Erde heraus wühlen, sich mit der Bewusstheit um die eigene Schwerkraft bewegen, den Boden als Tanzpartner/in nutzen. Ich fordere sie auf, sich abzustoßen und fallenzulassen, sich weiter zu ziehen, zu greifen, zu rollen, zu krabbeln.

Grimassen schneiden und Tönen

Das Gesicht darf mal wild ausschauen und Grimassen schneiden. Wer hat die hässlichste Fratze? Die wilde Seite in uns darf stampfen, ihre Tier- oder Pflanzenkraft zum Ausdruck bringen, trampeln und schreien. Wenn Menschen das ängstigt, sollten sie erst mal vom Rand aus zuschauen, wenn es in einer Gruppe stattfindet. Daher ist es wichtig, am Anfang die Übungen auch transparent vorzustellen. So kann sich jeder zurückziehen, wenn es ihm zu wild wird, allerdings auch neugierig werden, sich mehr in die Wildheit zu wagen.

Bild als Bewegungsimpuls

Auch mythische Bilder und Geschichten können mit einbezogen werden, um zur Bewegung einzuladen, wie z.B. Nana, die afrobrasilianische Urmutter, die in der Erde, den Höhlen und Sümpfen lebt. Ihre Bewegungen sind schwerfällig, langsam und tranceartig, da sie die lineare Zeit aufhebt. Sie ist die Köchin, die den Kräutersud und den Urweltenbrei rührt.

Dabei bewegen wir uns zur Kreismitte, die Hände halten wir als hielten wir einen Kochlöffel. Mit beiden Armen kreisen wir über rechts hin zum Bauch.

Übungen im Kreis mit dem Becken

Wenn wir im Kreis stehen, eignen sich alle Formen von Beckenübungen und Beckenbodenübungen (z.B. nach Cantieni 2012). Du kannst dich selbst berühren, ausstreichen, einen Beckentanz kreieren, Beckenkreisen, 8er Bewegungen tanzen, das Becken seitlich vor und zurück wiegen oder rollen, es ausschütteln und die Hüften zur Seite heben usw.

Freier Tanz

Im freien Tanz können eine Dreier- oder Vierergruppe oder Paare die wilde Seite unterstützen. Eine Person tanzt und die anderen coachen die wilde Seite durch Spiegeln oder eigene unterstützende Bewegungen. Es eignet sich jede Form von wilder, ungebremster Trommelmusik, z.B. von Somos Organicos, Asher, Kaye Hoffmann, Guem, Viatores.

Statue, Gespräch, Mandala

Jetzt kannst du eine Körperhaltung einnehmen und Eigenschaften sammeln, die du mit diesem Archetyp verbindest.

Danach kannst du die Wilde Seite in dein Mandala malen und ein Gespräch führen, wie es dir mit der Übung ging, welche besonderen Qualitäten deine Wilde/dein Wilder besitzen und wie du diesen Archetypen im Alltag mehr leben könntest. Wer oder was hindert dich und wer oder was unterstützt dich?

Wilde Frau
Wilder Mann

wilde Urkraft
feurig
klar
frei
echt
stark
spontan
laut
klar
ungebändigt
positiv aggressiv
Power
kraftvoll
geil
erdgebunden
authentisch
mutig
wütend

Tanz der Archetypen - 42

Der Liebhaber, die Liebhaberin

Der Liebhaber und seine weibliche Entsprechung stehen in Verbindung mit dem zweiten Chakra, auch Sakral-Chakra und im Sanskrit Svadhisthana-Chakra genannt. Es liegt in der Kreuzbeingegend, oberhalb der Sexualorgane, ein paar Zentimeter unterhalb des Nabels. Seine Farbe ist Orange. Das Element ist das Wasser. Die wichtigsten Themen sind Sinnlichkeit und Sexualität, Genuss und Lust, Verspieltheit, Kreativität und schöpferische Lebensenergie.

Die Kraft des Liebenden/der Liebenden spielt das Lied des Lebens, lädt dazu ein, das Leben zu genießen, sich dem Leben hinzugeben, mit allen Sinnen die Welt zu entdecken, die Fülle und den Reichtum zu genießen. Den Tanz zu feiern, die Liebe zu preisen. Der Erotik Platz zu geben, der Sexualität eine sinnliche Note zu verleihen. Sich schön, rund und gewollt zu fühlen. Im Rausch der Liebenden zu fließen, Schmetterlinge im Bauch zu spüren. Die Vielzahl der Köstlichkeiten zu liebkosen.

Ist dieser Archetyp energievoll und die Beziehung zu ihm stabil, so zeigt sich das in einer gesunden Beziehung zur eigenen Sexualität. Lust und Gefühle werden nicht unterdrückt, sondern können sich frei entfalten. Der eigene Körper wird angenommen und trotz seiner Fehler und Schwächen geliebt. Auch die erotische Beziehung zum Partner ist hingebungsvoll und erfüllend.

Was die körperliche Gesundheit betrifft, ist dieses Zentrum wichtig für die Vitalität allgemein, im Besonderen für Hoden, Prostata und Eierstöcke sowie die Körperflüssigkeiten, vom Blut über die Lymphe bis hin zu Samenflüssigkeit, Urin usw. Ein starkes Geschlechtszentrum schützt vor Erkrankungen der Sexualorgane, Nieren- und Blasenleiden sowie Hüft- und Rückenbeschwerden.

Symbol des Liebhabers/der Liebhaberin ist die Flöte, die magische Wirkung hat, die also Energie verändern kann, wie Mozarts „Zauberflöte" deutlich macht. Die Kraft dieses Archetyps besteht auch darin, über den Tanz Verbindung zum Unbewussten herzustellen.

Schattenaspekte

Das Wasser kann munter fließen und ruhig strömen, es kann sich aber auch in einen Sumpf, eine Schlammpfütze oder in einen alles verschlingenden Ozean verwandeln. Probleme bestehen wie bei den anderen Archetypen auch beim Liebhaber oder der Liebhaberin entweder darin, dass die Energie nicht leben darf oder zum egoistischen Selbstzweck wird.

Die Energie des Liebhabers ist die des griechischen Gottes Dionysos, Gott des Weines, der Fruchtbarkeit, der Freude und Ekstase. Wird er nicht respektiert und geehrt, haben seine „kleinen Verrücktheiten" keinen Platz, so droht der „große Wahnsinn".

Sehr viel mehr Menschen, als man sich normalerweise vorstellt, sind nicht fähig, ihre Sexualität, ihre Körperlichkeit oder auch Dinge wie Essen, Kunst oder Musik wirklich zu genießen. Dieser Mangel erzeugt Gefühle wie Kummer, Wut, Hass und Eifersucht. Das Leben erscheint trist und nicht lebenswert.

Probleme mit der Sexualität entstehen meist in der Pubertät, wurden jedoch oft schon früher grundgelegt. In der Kindheit hat es vielleicht bereits an körperlicher Nähe und Zärtlichkeit gemangelt. Später waren Eltern, Erzieher oder das Umfeld nicht immer hilfreich dabei, mit den erwachenden sexuellen Kräften gut umzugehen. So kann es zu einer Zurückweisung oder gar zum Missbrauch der Sexualität kommen und damit ihres unbefangenen schöpferischen Potentials. Die Energien äußern sich dann in ungünstiger Weise, vielleicht in übersteigerten sexuellen Phantasien, im Gebrauch von Sex als Droge oder in einer unterdrückten Triebhaftigkeit, die sich von Zeit zu Zeit Bahn bricht. Die Befriedigung wird auf andere Weise gesucht, über Nahrung und Süchte. Die sexuelle Lust wird abgetrennt, nicht mehr gespürt oder sogar abgelehnt.

Bewegungsübungen für die Liebenden mit allen Sinnen

Bei den Liebenden ist die Bewegung das Kreisen, das Rundwerden, um uns mit der eigenen positiven Fülle des Lebens zu verbinden. Weich zu werden in den Muskeln und Gelenken. In den Fluss des Lebens einzutauchen, wie in die sanften Wellen des Meeres oder unter einem Wasserfall erquickt zu werden von der Frische und Reinigung meiner inneren Tiefen. Als Musik eignen sich vor allem Salsa, Tango, Zumba und Bauchtanzmusik.

Übung in der Gruppe

Wir treffen uns als Gruppe im Kreis und verbinden uns mit dem Wasserelement, der Wasserenergie. Das Wasser als inneres Bild in unserer Beckenschale wiege ich hin und her, vor und zurück. Als Leiterin zeige ich runde Bewegungen im Becken, zunächst auf der Stelle im Gruppenkreis. Dann kreise ich verschiedenen Körperteile isoliert (Kopf, Schultern, Ellbogen, Arme, Hände, Hüfte, Kniegelenke, Füße) erlaube ihnen rund und in Kreisen zu tanzen (Bauchtanzmusik). Schließlich können auch die einzelnen Körperteile miteinander tanzen, weich und sinnlich, der die Knie mit den Ellbogen, der Kopf, Kiefer und Nacken mit dem Becken. Die Hände mit den Beinen.

Freies Tanzen

Jede/jeder tanzt für sich, die Bewegungen des Leibes fließen lassen: Das bin ich als Liebende/Liebender (Feidman; *La Cumparsita*); dann einander begegnen im Tanz und Bewegungen aufnehmen, wieder lösen; neue/n Partnerin/Partner suchen. Ein bisschen flirten.. Musikbeispiel: *Tango for Evorah.* Wenn ich für mich alleine tanze, verbinde ich mich mit meinen runden, sinnlichen Bewegungen, traue ich mich, mich selbst zu berühren, so wie es für mich gut ist.

Ich kann danach eine Haltung einnehmen, eine Skulptur bilden, die zum Ausdruck bringt, welche Qualitäten ich habe, aber vielleicht auch welche Sehnsüchte in mir schlummern.

Unterstützen des Gruppenritual

Besonders schön in der Gruppe ist es, sich gegenseitig etwas Gutes in Kleingruppen zu geben, je zwei oder drei Minuten, eine Rückenmassage, sich anlehnen, sich fallen lassen, um sinnlich diese Qualität auch im Kontakt zu spüren. Dabei ist es wichtig, dass die Leitung darauf hinweist, sich nur das geben zu lassen, was ich annehmen kann, nur das zu geben, was sich leicht anfühlt und auf meine eigene Nähe und Distanz zu achten. Nicht, dass es zu Übergriffen kommt, die eher wieder verschließen als öffnen.

Konzentration auf den Atem

Wichtig ist, immer wieder die Menschen, die du anleitest (oder dich selbst), darauf hinzuweisen, in den Bewegungen den Atem fließen zu lassen. Dies gilt nicht nur für die Liebenden, sondern natürlich für alle Archetypen. Denn die beste Methode, nichts zu spüren und nicht in Kontakt zu gehen, ist die Luft anzuhalten oder den Atem flach zu halten. Gerade bei dem Thema Sinnlichkeit und Erotik atmen wir flacher, aber auch bei der Königin, dem König und nahezu immer bei Übungen, in denen wir Menschen über Bewegung näher kommen.

Statue, Mandala, Gespräch

Wieder kann ich eine Statue einnehmen, die zum Ausdruck bringt, welche Haltung meine Liebende einnimmt, auch wenn es eine Sehnsucht ist. Eigenschaften können wir in der Gruppe wieder sammeln oder verschriftlichen und mit oder ohne Partner reflektieren. Dabei können wir Projektionen und Übertragungen zurücknehmen oder aufdecken. Danach ist wieder Zeit, das Mandala weiter zu malen.

Liebende/r

zärtlich
glücklich
sanft
bewahrend
annehmend
frei
schön
rund
sinnlich
laut
traurig
gelassen
genießerisch
zurückhaltend
kraftvoll
ruhig
sich hingebend
spielerisch
halten, wiegen
nährend

Tanz der Archetypen - 48

Der Krieger, die Kriegerin

Der Archetyp des Kriegers oder der Kriegerin entspricht dem dritten Chakra, auch Nabelchakra oder Solarplexus-Chakra genannt. Dieses Energiezentrum liegt etwa zwei Finger breit oberhalb des Nabels, im Magenbereich, zwischen dem ersten Lendenwirbel und dem zwölften Brustwirbel. Es öffnet sich nach vorne, die Farbe ist gelb oder goldgelb.

Krieger und Kriegerin, die in diesem Chakra angesiedelt sind, verfügen über die Kraft des Feuers. Sie verteidigen die Kraft des Herzens, dienen der Königin/dem König aufrichtig, das heißt aufgerichtet. Sie setzen sich für den Frieden ein und bewahren die Grenzen des Königreichs. Die Kriegerenergie, verbunden mit dem Herzen, ist friedvoll, schützend und bewahrend.

Die positiven Eigenschaften dieses Archetyps sind Identität, Wille, Zielgerichtetheit und Durchsetzungsvermögen, verbunden mit Mitgefühl und menschlicher Wärme. Er oder sie hat die Fähigkeit, sich zu konzentrieren, sich nicht ablenken zu lassen und die eigenen Ziele ausdauernd zu verfolgen.

Kriegerin und Krieger tragen als mythische Bilder verschiedene Waffen, die entsprechende Kräfte darstellen.

Der Schild steht für die Fähigkeit, sich zu schützen und schädliche Einflüsse abzuwehren.

Das Schwert bedeutet, dass Kriegerin und Krieger Verstrickungen und einengende Bindungen durchschneiden und Klarheit schaffen können.

Die Lanze zeigt, dass dieser Archetyp etwas ins Visier nehmen und sein Ziel erreichen kann.

Pfeil und Bogen symbolisieren, dass der Kriegerarchetyp auch ein weiter entferntes, vielleicht in der Zukunft liegendes Ziel anvisieren und treffen kann. Ein weiteres Symbol für diese besondere Fähigkeit kann der Speer sein.

Natürlich können wie bei allen Archetypen die Bilder hier ganz anderer Art sein. Ein moderner Kriegerarchetyp kommt vielleicht in der Form des Soldaten oder Revolutionärs, der Managerin oder der Spitzensportlerin daher.

Schattenseiten

Viele Menschen setzen ihren Krieger/ihre Kriegerin nicht ein. Sie haben gelernt, ihre Aggression zu unterdrücken und wagen es aus Angst vor Gewalt oder Konflikt nicht, ihre Macht auszuüben. In diesem Fall sind auch Bauch und Herz nicht wirklich verbunden. So sind sie unfähig, sich zu schützen, für sich oder die ihren zu sorgen und für die Sache der Liebe zu kämpfen. Sie tun sich schwer, sich für ihre Ziele einzusetzen und die nötige Ausdauer zu entwickeln, diese auch zu erreichen. Sie versuchen, ihre Ziele durch Anpassung und Wohlverhalten zu erreichen. So richten sie sich häufig in einem Opferdasein ein, das sie auf Dauer krank macht.

Das dritte Chakra regelt die Verdauungsvorgänge und wirkt sich auf die Funktionen von Magen, Leber, Milz und Unterleib aus. Sodbrennen, ein Druckgefühl auf dem Magen oder in schlimmeren Fällen Gastritis oder Magengeschwüre deuten auf eine Störung dieses Energiezentrums hin. Psychologisch gesehen: Ist die Kriegerin/der Krieger zu schwach, kann das dazu führen, dass man vieles schluckt, was einem mit der Zeit auf „den Magen schlägt" und was man „schwer verdauen" kann.

Zerstörerisch wird die kriegerische Energie, wenn sie verantwortungslos benützt wird, wenn sie Geltungsdrang, Egoismus und Machtmissbrauch unterstützt, wenn sie einem Königtum dient, das nicht vom Höheren Selbst geleitet wird oder wenn sie ein Eigenleben entwickelt und sich nicht von der Königin oder dem König leiten lässt.

Es geht um aufgerichteten Schutz, nicht immer nur um Kampf. Viele Menschen sind müde vom Kämpfen. So gibt es bei den Kriegerbewegungen auch ganz ruhige Momente. Eine schöne Affirmation dazu ist: „Ich stehe, also bin ich und ich halte den Stab der Gnade, Güte und des Schutzes in meiner Rechten."

Übungen für die Kriegerin, den Krieger um das innere Feuer zu wecken

Krieger und Kriegerin haben verschiedene Facetten, wie ich oben erwähnt habe und so darf sie/er sich auch bewegen. Auch hier gibt es keine falsche oder richtige Bewegung, nur Angebote.

Bewegungsqualitäten im Raum erkunden

Wir können mit verschiedenen Bewegungen für die Kriegerenergie beginnen. Wir bewegen uns abgrenzend. Wir tanzen schützend mit den Handflächen, zeigen unsere Ellbogen, geben die Richtung mit den Knien an. Ziehen mit Körperteilen Grenzen. Die Füße lassen wir wie Kung-Fu-Krieger nach vorne schnalzen, drücken sie abwehrend nach hinten. Zackige, eckige Bewegungen helfen uns, in diese Energie zu kommen. Das Bild von Schild und Speer mit in die Bewegung zu nehmen oder Lanze und Pfeil und Bogen verstärkt die Bewegung, den Raum zu verteidigen oder abzugrenzen.

Übungsreihe zu zweit: Ich spüre meine Grenze

Wir stehen uns gegenüber und halten beide Hände aneinander. Drücken erst leicht die ganzen Handflächen gegeneinander, lassen die Spannung ansteigen und stoßen uns mit einem Schrei voneinander ab.

Dann lande ich und bleibe in einer Haltung stehen, die ein Lauern, Abwarten repräsentiert. Werde ich angegriffen, was geschieht? Ich nehme mich in dieser Spannung wahr, erspüre meine Widerstände. Wichtig ist dabei, den Angriff zu erwarten, auch wenn er unwahrscheinlich ist, ich weiß es ja nicht..

Nach dieser Übung gehen wir aufeinander zu und berühren wieder die Hände. Auch da nehme ich die Widerstände wahr.

Jetzt ist die Aufgabe, sich freundlich zu begegnen, vielleicht sogar zu umarmen, trotz möglicher Widerstände. Es geht um die Wahrnehmung.

Diese Übung wird drei Mal durchgeführt. Davon zwei Mal mit Ansage, dann jeder in seinem Tempo.

Danach können die einzelnen Phasen dieser Übung weitergestaltet, intensiviert werden. Dabei versuchen die Teilnehmenden die Tendenz des anderen wahrzunehmen. Im Rollenwechsel einmal auf den anderen eingehen, einmal selbst die Phase auswählen und agieren.

Die Phasen sind:

- Sich gegenüber stehen und Spannung aufbauen
- Sich voneinander abstoßen
- Abwartend lauern
- Aufeinander zu gehen
- Sich berühren
- Umarmen

Danach ist es schön, sich auszutauschen über die Themen Kontakt und Grenze, Nähe und Distanz.

Übung mit Stäben

Zu zweit stehen sich zwei Partner/innen mit Stäben gegenüber, nehmen sich wahr, was geschieht? Wie nah kommt man sich? Dann werden die Stäbe gegeneinander gedrückt, oder aufeinandergeschlagen. Achtung: Bitte diese Übung sehr konzentriert durchführen, damit sich niemand verletzt. Sich danach voneinander lösen, neue Krieger kennen lernen und sich mit dem Stab begegnen. Es ist bereichernd, die Übung zu öffnen für andere Bewegungsimpulse mit dem Stab. Die Teilnehmenden können auch einfach durch den Raum gehen, mit und ohne Stab, und den Uerschied wahrnehmen. Viele bleiben auch gerne stehen, den Stab an ihrer Seite als Abgrenzung.

Freies Tanzen der Kriegerenergie

Alle wünschen sich auch ihr Kriegersein im Tanz frei zu erkunden und auszudrücken, mit und ohne Stab. Energievolle Trommelmusik wie von der Musikgruppe Tataku, Asher oder Guem eignet sich dazu.

Kreis der Krieger/Kriegerinnen in der Gruppe

Am Schluss lade ich die Gruppe ein, einen „Tribal Dance“ (Stammestanz) zu feiern. Dazu stehen wir im Kreis und jede Kriegerin/jeder Krieger darf, muss nicht, in die Mitte kommen und seine/ihre kriegerische Qualität tanzen, ruhig, wild, oder beides.

Der Stamm/die Gruppe unterstützt mit Trommeln, Rasseln oder anderen Percussion-Instrumenten, mit Klatschen und Anfeuern durch Zurufen.

Er/sie holt sich dann eine/n andere/n aus dem Kreis, die beiden tanzen zusammen, nicht gegeneinander, der/die erste stellt sich wieder in den Kreis zurück usw., bis alle mal in der Mitte waren.

Eine Aufforderung wäre: Stell dich in den Kreis und lasse uns wissen, wer du bist!

Bei dieser Übung, wie bei allen anderen auch, darf jeder frei entscheiden, ob er in die Mitte will oder nicht, das ist mir ganz wichtig, denn nichts soll Angst verstärken, sondern lösen.

Manchmal passen eben Übungen nicht für jeden.

Zu dieser Übung entstand folgendes Gedicht:

Kreis der Krieger und Kriegerinnen

Kriegerin, Krieger,

Zeige uns

Deine Geschichte,

Deinen Kampf,

Deinen Sieg,

Deine Niederlage und

Deine Verwundung.

Ja das bist du, du bist diese Kriegerin

Ja das bist du, du bist dieser Krieger

Verlorene Illusion

Wendepunkt

Gestärkt vom Kampf

Aufs Neue entschlossen

Bereit für den nächsten

Wiegen im Rhythmus der Zeugen

Aufrichten in der eigenen Kraft.

Ja, das bist du, du bist diese Kriegerin

Ja, das bist du, du bist dieser Krieger

(Ornella Garbani Ballnik)

Weitere Bewegungsangebote

In Kreisaufstellung den Stock aufrecht vor sich hin stellen, wie eine „2. Wirbelsäule“ vor dem Körper.

Mit dem Stock durch den Raum gehen.

Den Stock waagerecht vor sich halten, durch den Raum gehen, den anderen meine Grenze zeigen.

Alle zusammen gleichzeitig rechtes Bein seitlich in die Mitte strecken, mit dem Stock (wie mit einem Speer) in die Mitte zielen, Kampflaut rausschreien.

In Kreisaufstellung den Stock senkrecht nach oben schmeißen und dabei von einer Hand in die andere werfen.

In Kreisaufstellung, ohne Stöcke, mit einem Fuß alle gleichzeitig in die Mitte treten (auf 1,2,3 zählen + Kampfschrei).

In Kreisaufstellung, ohne Stöcke, mit einer Faust alle gleichzeitig in die Mitte schlagen (auf 1,2,3 zählen + Kampfschrei).

Nach den Bewegungen ist es wichtig nachzuspüren, ob sich etwas gelockert hat. Im Kiefer und im Schulter- oder Lendenbereich, an Stellen, an denen wir viel Aggression zurückhalten und uns panzern.

Töne zu den Bewegungen lockern nicht nur die Kiefermuskulatur, sondern helfen uns auch unsere Körperzentren besser zu spüren. Entweder die klassischen Vokale a e i o u, die Silben HA oder HU, oder das Mantra Ram für den Solarplexus.

Gerne benutze ich auch Schaumstoffklötze, auf die die Teilnehmer schlagen, drücken, trommeln können, mit Händen oder Füßen, ohne sich oder andere zu verletzen. Bettmatratzen würde ich eher nicht empfehlen. Bei diesen Übungen ist Begleitung wichtig, um immer wieder ins Hier und Jetzt zu kommen, um nicht im Zorn oder der Ohnmacht hängen zu bleiben oder in alten Traumatisierungen.

Statue, Gespräch, Mandala

Auch für diesen Archetypen kann jeder eine Abschlusshaltung, Statue einnehmen, sein Mandala erweitern, die Kriegerenergie malen. Nachspüren: Was ist die Sehnsucht des Kriegers/der Kriegerin und wie kann ich sie befreien und erlösen. Ein Gespräch über die positive Funktion von Aggression in Verbindung mit wirklicher Hingabe ist sinnvoll.

Positive Eigenschaften der Kriegerin, des Kriegers:

Krieger/in

dynamisch furchtlos aufrecht

befreiend in sich ruhend

klar schön klug

schützend stolz stark

traurig standhaft

impulsiv leicht

mutig energisch

konzentriert ruhig loyal

wehrhaft focussiert

reinigend

präsent taktisch

Tanz der Archetypen - 58

Der Narr, die Närrin

Der erste Archetyp auf dem Weg nach oben ist der Narr, die Närrin, die in Beziehung zum fünften, dem Kehlkopfchakra stehen, das sich zwischen der Halsgrube und dem Kehlkopf befindet. Es entspringt der Halswirbelsäule und öffnet sich nach vorne. Seine Farbe ist hellblau. Sein Element ist, wie bei den anderen beiden oberen Chakren und Archetypen, der Äther.

Die Hauptfunktion dieses Energiezentrums ist die Kommunikation, das Ausdrücken dessen in Form von Tönen und Sprache, was in uns lebt, unserer Freude und Trauer, das Gefühl der Liebe wie auch der Angst oder Wut. Das kann in Form von Sprechen oder Singen, Dichten oder Bücherschreiben geschehen, jedoch auch über andere kreative Ausdrucksweisen wie bildende oder darstellende Kunst, Tanz usw.

Der Narrenarchetyp ist der selbstkritische Geist, der dem König/der Königin den Spiegel hinhalten und am Hofe ungeschminkt die Wahrheit sagen darf, ohne dafür bestraft zu werden. Sein Symbol ist ein kleiner Stab mit einem Narrenkopf oder einem Spiegel an der Spitze, Zeichen dafür, dass er die Fähigkeit hat, sich selbst zu betrachten, ein Symbol für Selbstreflexion.

Der Narrenarchetyp kann der Tor oder der Weise sein. Oft ist er auch Ratgeber oder Vermittler. Und er bringt Humor, Lachen und Witz ins Königreich.

Der Narr oder die Närrin verbindet den König/die Königin mit den oberen Archetypen und ist deshalb Vermittler zwischen Fühlen und Denken, reguliert diese Bereiche und wirkt zum Beispiel der Überbetonung des Intellekts entgegen.

Dient der Narr einem gütigen König/einer gütigen Königin und damit dem Höheren Selbst, so spielt er mit den Worten, um anderen zu helfen. Redner/Rednerinnen, Autoren/Autorinnen, Dichter/Dichterinnen, Journalisten/Journalistinnen setzen die Macht des Wortes bewusst ein.

Ist dieser Archetyp kraftvoll entwickelt und darf er sich frei zeigen, so kann der Mensch klar ausdrücken, was ihn bewegt, kann seine Stärken und Schwächen offen zeigen. Er kann auch „nein" sagen, lässt sich von der Meinung anderer Menschen nicht vereinnahmen und bewahrt seine Unabhängigkeit, Freiheit und Selbstbestimmung.

Körperlicher Ausdruck eines starken Narrenarchetyps ist eine harmonische, volle Stimme, eine freie Atmung und eine entspannte Muskulatur im Kiefer-, Nacken- und Schulterbereich.

Schattenseiten

Ist der Narr/die Närrin unterentwickelt oder blockiert, darf der Mensch nicht äußern, was er fühlt, darf er nicht laut sein und bei Bedarf auch schreien. Körperlich kann sich dies im typischen „Kloß" im Hals zeigen, in Heiserkeit, einer rauen Kehle, in verschiedenen Halsbeschwerden, Schilddrüsenproblemen und nicht zuletzt in Sprachstörungen wie Stottern.

In diesem Fall ist auch die Verbindung von Gefühl und Verstand, von Brust und Kopf unterbrochen. Dies kann sich auf zwei Weisen ausdrücken. Entweder fällt es dem Menschen schwer, seine Gefühle zu reflektieren und die gestauten Emotionen zeigen sich immer wieder in unbedachten Handlungen. Oder er spaltet seine Gefühlswelt ab und verschanzt sich hinter seiner Rationalität.

Dient der Narr/die Närrin einem egoistischen und herzlosen König oder einer ebensolchen Königin oder verfolgt er/sie eigene schändliche Pläne, so kann er/sie der Intrigant/die Intrigantin werden, der/die die Wirklichkeit verdreht, anderen nach dem Mund redet und es mit der Wahrheit nicht so genau nimmt. Ein hervorragendes Beispiel dafür ist Grima Schlangenzunge in Tolkiens *Herr der Ringe.*

Bewegungen um die närrische Qualität in uns zu wecken

Übungen im Kreis in der Gruppe

Tönen im Kreis ohne Bewegung

- Selbstlaute des eigenen Namens am Platz tönen; reihum
- Selbstlaute des eigenen Namens singen

Tönen im Kreis mit Bewegung

- Bewegung mit dazu nehmen
- Eine Person tönt ihre Vokale und tanzt in den Kreis zu einer anderen Person, dann tanzt diese in den Kreis und tönt dabei wieder zu jemand andern, bis alle dran waren.

Silben tönen und tanzen

Jeder kann sich eine Silbenreihe aussuchen und mit dem Tönen im Raum tanzen, mit Partner tanzen, oder zu jeder Silbenreihe eine eigene Bewegung initiieren. Welche Silbenreihe gefällt mir am Besten und wie verändert sich die Bewegung? Darüber kann man sich nach der Übung austauschen oder es für sich reflektieren.

Sa se si so su
Ka ke ki ko ku
Ma me mi mo mu
Ra re ri ro ru

La le li lo lu
Ya ye yi yo yu
Wa we wi wo wu
Na ne ni no nu

Phantasiesprache
Die Teilnehmenden gehen zu zweit zusammen. Zuerst redet einer in der Phantasiesprache und der andere hört zu, dann reden beide und gehen dabei wild gestikulierend durch den Raum, wie in einer angeregten Unterhaltung.
Geht auch alleine oder gut mit Kindern.

Tanz des Narren/der Närrin allein

Es ist immer schön, erst einmal den eigenen Narren ins sich zu tanzen: Was für Bewegungen habe ich noch nie gemacht, welche sind verboten? Zunge herausstecken, mit dem Po wackeln, Grimassen schneiden? Was ich an anderen nicht mag, darf ich karikieren, ohne bestraft zu werden. Z.B. gehen wie ein autoritärer Mensch, der mich unterdrückt oder wie ein ängstlicher Mensch. Hier darf die Fantasie ohne Grenzen in Bewegung gesetzt werden. Mein Lieblingslied dazu ist Queens *Another one bites the dust.*

Tanz des Narren/der Närrin in Kontakt mit anderen

Im Kontakt mit anderen überlasse die Führung der Gruppe und du wirst staunen, welche Figuren plötzlich durch den Raum schlurfen, rumhängen, wild herumlaufen oder sich am Boden rollen. Es wird viel gelacht und Quatsch gemacht. Grenzen achten ist natürlich eine Grundregel. Wird es jemandem zu viel, soll er oder sie sich an die Seite setzen oder stellen. Die Musik von Aretha Franklin *Chain of Fool* eignet sich für diese Einheit, oder die der *Rocky Horror Picture Show.*

Ein Gespräch führen, eine Statue bilden und das Mandala weitermalen runden die Übungen zum Narren/zur Närrin ab.

Eigenschaften des Narren, die von Seminarteilnehmer/innen auf einen Flipchart geschrieben wurden, sind:

Narr / Närrin

kreativ offen zynisch
weise narrenfrei
lustig ehrlich quirlig
leicht Böh!
aufmunternd entlarvend
impulsiv unkonventionell
schlau
echt leicht
frei wahrhaft
laut direkt

Tanz der Archetypen - 64

Der Magier, die Magierin

Der Archetyp des Magiers oder der Magierin, die in der Literatur meist Zauberin genannt wird, ist mit dem sechsten Chakra verbunden, dem „dritten Auge“. Dieses Energiezentrum befindet sich zwischen den Augenbrauen, etwa einen Fingerbreit über der Nasenwurzel, und öffnet sich nach vorne. Seine Farbe ist Indigoblau, ein Element ist ihm nicht zugeordnet.

Dieser Archetyp steht einerseits für die Kraft der Gedanken, für Einsicht und Weisheit. Eine seiner Fähigkeiten ist die unmittelbare Wahrnehmung der Wirklichkeit. Er weiß, dass Gedanken die Wirklichkeit verändern können und er ist bestrebt, zum Meister seiner Gedanken zu werden. Der Magier/die Magierin vermittelt so zwischen Geist und Materie.

Zu seinen weiteren Kräften gehört der direkte Zugang zur Welt der inneren Bilder und Visionen und der schöpferischen Phantasie. Dadurch besitzt er auch eine kraftvolle Intuition. Er kann sich ein klares Bild machen, auch von abstrakten Zielen, und dadurch zum Beispiel eine Vision für sein weiteres Leben entwickeln.

Als Symbol hat der Magier-Archetyp einen Zauberstab oder eine Kristallkugel, mit dem er seine Energien lenken kann. Im Gegensatz zum/zur Weisen oder Heiligen ist er der Materie zugewandt. Er versucht noch, zu beweisen, was der/die Heilige einfach weiß.

Beispiele für alte mythische Bilder für diesen Archetypen sind Medea und Kirke (Circe) in der griechischen Mythologie oder Merlin in den Mythen um Artus. In modernen Mythen finden sich viele Figuren wie Glinda, die gute Hexe im *Zauberer von Oz* und Galadriel, Elbenkönigin im *Herrn der Ringe*. Der Zauberer von Oz, Gandalf, Saruman und Radagast sind männliche Bilder in denselben Werken.

Da es die Funktion sämtlicher endogener Drüsen beeinflusst, ist das Stirnchakra für die Erhaltung der allgemeinen Gesundheit wichtig. Störungen können sich psychisch in Ängsten, dem Gefühl von Sinn- und Ziellosigkeit und Konzentrationsproblemen zeigen, physisch in Form von Kopfschmerzen, Migräne bis hin zu Geisteskrankheiten.

Schattenseiten

Ein häufiges Problem mit dem Magier, der Magierin in unseren Zeiten ist eine einseitige „Kopflastigkeit". Viele Menschen leben nur über den Verstand und Intellekt und lassen nur gelten, was wissenschaftlich nachweisbar ist. Eine ganzheitliche Sicht, spirituelle Erfahrungen und Erkenntnisse, die Welt der Visionen, sind ihnen nicht zugänglich und werden abgelehnt.

Besitzt der Magier-Archetyp wenig Energie, so kann es sein, dass nur die äußere, sichtbare Welt als Realität erfahren wird. Das Leben wird von materiellen Wünschen, körperlichen Bedürfnissen und unreflektierten Emotionen bestimmt. Geistige Anstrengung ist ebenso unmöglich oder wird abgelehnt wie spirituelle Erfahrung.

Doch auch mit einem kraftvollen Magier-Archetyp kann es Probleme geben. Dient er dem Höheren Selbst, so übt er weiße Magie aus. Wenn er seine Kenntnisse und Fähigkeiten jedoch egoistisch einsetzt, um „sein Ego zu streicheln", andere zu manipulieren oder auszunützen oder materielles Denken vor den Erhalt der Natur setzt, so werden seine Kräfte zu „schwarzer Magie". Er wird dann zum Beispiel zum Therapeuten/zur Therapeutin, der/die Klienten abhängig machen oder sogar missbraucht, zum machtgierigen Coach oder zum Menschen, der sich ungebeten in die Angelegenheiten anderer Leute einmischt. Auch den Managertyp, den nur Profitmaximierung interessiert und der sich nicht um die Folgen seines Handelns für die Umwelt schert, kann man zum „Schwarzmagier" zählen.

Übungen für die magische Seite

Tanz der Elemente

Für den Magier/die Magierin Bewegungen zu finden, war besonders schwer, nicht nur für mich, auch für die Tänzer/innen. So war ich in meiner Kreativität gefordert. Die ersten Male habe ich die Tänzer/innen eingeladen, die vier Elemente zu tanzen, um sich mit allen Kräften zu verbinden und am Schluss eine Haltung für die eigene magische Kraft zu finden.

Für jedes Element wählte ich ein oder zwei Musikstücke, ca. 10 Minuten, die zu den jeweiligen Elementen passten. Inzwischen hat Somos Organicos die Elemente vertont. Ihre Musik eignet sich hervorragend dafür, die Elemente alleine oder in der Gruppe zu tanzen, um Visionen zu entwickeln und den Körper ganz mit dem Geist zu verbinden.

Ritualtanzraum für Visionen

Ich schaffe einen heiligen kreativen Ort in der Mitte des Raumes und lade alle ein, über die Mitte und die Begegnung mit den Himmelsrichtungen und Elementen in ihre Bewegungen einzusteigen. Jeder darf sich aus der Mitte etwas holen. Symbolisch oder einen realen Gegenstand, z.B. Steine, Rasseln, Pflanzen, Energiekarten oder Lichtkugeln. Es begeistert mich immer wieder zu sehen, wie die Menschen durch diese kreative, visionäre Mitte in ganz authentische Bewegungen kommen. Auch meditative Musik oder am Abend ein gedimmtes Licht, Lichtkugeln und Kerzenlicht verleihen dem Raum einen magischen Zauber.

Die vier Elemente, die ich in der Mitte aufbaue, sind mit den Himmelsrichtungen verbunden. Im Seminar *Die Heldenreise*, das ich mit meinem Mann immer wieder anbiete, verwenden wir ein System für unsere Rituale, das sich bewährt hat, angelehnt an Traditionen der nordamerikanischen Lakota-Indianer:

Im Osten steht die Kerze als Symbol für das Feuer, für die Energie der Sonne, das männliche Prinzip nach außen zu gehen und sich zu zeigen.

Im Westen steht das Wasser für den weiblichen Weg, nach innen zu gehen. Die Hingabe und das Fließen lassen. Symbol kann eine Wasserschale oder Rosenquarz sein.

Im Süden steht die Erde als kindliches Prinzip, kreativ zu sein, offen voller Vertrauen und spontanem Handeln. Ich komme von der Erde und werde zur Erde. Eine Schale mit Erde steht dort als Symbol. Dazu kommen vielleicht Tier- oder Pflanzenkräfte in Form von Karten oder Pflanzen, kleinen Fellen oder Hörnern real aus der Natur.

Im Norden bin ich verbunden mit der Luft, der Weisheit, dem Wissen der Ahnen/innen und Ältesten. Symbole können eine Feder sein, ein Räucherstäbchen, Kristalle, die für Klarheit stehen.

In der Mitte kann man noch ein Dreieck bauen aus Stäben, in dessen Zentrum eine große Kerze steht und die Gegenstände ihren Platz haben. So entsteht erst ein Quadrat mit den Himmelsrichtungen und je einem Element, und in der Mitte ein Dreieck mit „magischen" Gegenständen.

Die Magierin/der Magier stehen für Struktur und Ordnung. Damit ist das System Ordnung im Sinne der ganzen Ordnung gemeint. Gedanken schaffen die Welt und oft Unordnung. So eignen sich Rituale, die zur Ruhe und zur Konzentration auf das Wesentliche auffordern, besonders gut für die magische Seite in uns.

Je nachdem, wohin ich mich wende, bin ich verbunden mit dem Prinzip Männlich, Weiblich, Kind oder Ältestem. Ich bin mit allen Elementen verbunden. Mit dem All-eins.

In der Übung bewegen sich alle im Raum, meditieren, tanzen, suchen Symbole im Dreieck, was jeder gerade braucht, mit was man sich verbinden und bewegen will. Alle können auch im Klang zusammenkommen und tönen. Im Hintergrund eignet sich meditative Musik, wie die *Gayatri-Mantren*.

Magier/in

weitblickend präsent ruhig

allwissend kraftvoll

klar erhaben klug

intuitiv offen stark

mystisch demütig

impulsiv leicht

mutig verständnisvoll

erforschend echt erkennend

weich verbunden

wohlwollend

weise wahrnehmend

Danach eine Haltung wie eine Statue einzunehmen, das Malen des entsprechenden Mandala-Bereiches und das Sammeln der Qualitäten runden das Ganze wieder ab.

Tanz der Archetypen - 72

Der Heilige, die Heilige, der Weise, die Weise

Der Archetyp des weisen oder heiligen Mannes, der weisen oder heiligen Frau, auch Mystiker oder Mystikerin genannt, entspricht dem siebten Chakra, auch Scheitelchakra oder Kronenchakra genannt, durch das die göttliche Inspiration eintritt und der Mensch nach Auffassung der tibetischen Buddhisten beim Tod in die höheren Dimensionen zurückkehrt. Dieses Energiezentrum sitzt am Scheitelpunkt des Kopfes und öffnet sich nach oben. Seine Farbe ist weiß, auch violett oder golden.

Die Aufgabe des Mystikers besteht darin, die Verbindung zum Göttlichen herzustellen. Er versucht, seinen eigenen Willen mit dem göttlichen Willen in Übereinstimmung zu bringen: „Dein Wille geschehe, denn dein Wille ist auch mein Wille."

Wichtige Eigenschaften des/der Weisen sind Einfachheit und Demut, sein/ihr Zeichen der Bettelstab, ein hölzerner Wanderstab. Er/sie hat die Begrenztheit des Egos überwunden und lässt sich vom Höheren Selbst leiten, hat sich von irdischen Anhaftungen befreit. Geld und Macht spielen deshalb keine Rolle mehr. Es geht nur mehr darum, dem Göttlichen und den Mitmenschen oder Mitgeschöpfen zu dienen.

Ist dieser Archetyp voll entwickelt, so sind wunderbare Gefühlszustände möglich: Ein tiefer Friede, das Gefühl der Verbundenheit mit dem gesamten Universum, Gelassenheit und Zufriedenheit.

Äußere Bilder können natürlich die Heiligen und Weisen, die Mystikerinnen und Mystiker aller Religionen sein, von Black Elk, dem heiligen Mann der Lakota Indianer über Rumi, den Sufi-Mystiker, den buddhistischen Bodhisattvas zu christlichen Mystikerinnen und Mystikern wie Hildegard von Bingen, Teresa von Avila, der Jungfrau Maria, Maria Magdalena oder Franz von Assisi. Wie bei allen Archetypen kann auch der Mystiker/die Mystikerin unendlich viele subjektive Erscheinungsformen haben.

Schattenseiten

Viele Menschen haben keinerlei Bezug zu ihrem Mystiker oder ihrer Mystikerin. Durch den fehlenden Bezug zum Göttlichen fällt es ihnen schwer, einen Sinn im Leben zu sehen. Dies führt häufig zu depressiven Verstimmungen. Es besteht das Gefühl der Trennung von der Fülle des Seins. Alle anderen Archetypen können sich nicht vollständig verwirklichen, weil immer noch Angst da ist, die Angst, nicht wirklich aufgehoben und sicher zu sein.

Wird der Weise in uns zu stark betont, so führt er unter Umständen ein Eremitenleben und wird zunehmend weltfremd oder zum Fanatiker, der alles Weltliche ablehnt. Damit wird auch der Weg der ganzheitlichen Persönlichkeitsentwicklung verhindert.

Übungen für die Weise Frau und den weisen Mann

Am liebsten meditiert meine weise Frau, oder bewegt sich sehr langsam und unangestrengt. Lässt jede Bewegung kommen und gehen, wie den Atem. Wie ein Spaziergang in einem Zen Garten oder sehr langsame Bewegungen gleich einem Butohtanz. Meine Konzentration liegt ganz im bewussten Atmen und in der Stille und Leere in mir. Wenn du willst kannst du natürlich auch meditative Musik dazu hören oder eine Klangschale benutzen.

Wenn deine Weise/dein Weiser in Bewegung ausdrücken könnte, was dein Königreich braucht, wie bewegst du dich?

Das Mandala wird nun fertiggestellt.

Der weise Blick schweift über dein Werk und du betrachtest noch einmal alle Archetypen mit dem Auge des Überblicks.

Vielleicht bewegst du dich dazu auch noch einmal.

Meist ist wenig Bereitschaft da, dem Weisen oder der Weisen bestimmte Eigenschaften zuzuschreiben. Daher gibt es hier kein Plakat.

Die Archetypen begegnen sich

Archetypenmeditation

In der Meditation zu den Archetypen, die ich im Folgenden beschreibe, besuche ich noch einmal alle Chakren. Sie kann alleine oder in der Gruppe durchgeführt werden. Die Farben habe ich wegelassen, sie können aber Menschen helfen, in die Bilder zu kommen. Wenn jemand anfangs keine Bilder hat, ist das nicht weiter schlimm. Manche Menschen zwingen sich, Bilder zu haben. Dann kommen bestimmt keine. Motiviere dich und andere, die Meditation öfters durchzuführen. Auch deine Körperempfindungen sind wertvoll, achte darauf.

Setze dich bequem an einen ruhigen Ort, an dem du nicht gestört wirst, 40 Minuten Zeit hast und dich auf die Reise zu deinen inneren Bildern machen kannst. Du hast jetzt die Möglichkeit, dein Königreich mit deiner inneren Weisheit zu betrachten und allen archetypischen Qualitäten nachzuspüren.

Erlaube dir, dich zu entspannen und deinen Geist, deinen Körper, deine Gedanken ins Hier und Jetzt zu bringen. Wenn dich Gedanken ablenken, so lass sie ziehen und stell dir vor, du bist wie ein Fels in der Brandung, der unumstößlich im Meer steht und die Gedanken schwappen wie Wellen hin und her. Oder lass sie wie Fischschwärme an dir vorbeiziehen.

Dein Atem weht durch deinen Körper wie ein Wind, der dein Königreich belüftet, frischen Wind hineinlässt. Du kannst auch das Bild nehmen, dass dein Schloss die Fenster öffnen muss, um frische Luft hineinzulassen.

Lass den Atem in deine drei Hauptenergiezentren wandern, deinen Bauch, dein Herz und deinen Kopf. Lass ihn kommen und gehen, ohne Anstrengung.

Durch deine Nasenflügel zieht er ein und belüftet deinen Körper, bis er durch deine Nase oder deinen Mund wieder entweicht. Beim Ausatmen erlaubst du dir dich zu entspannen.

Nun konzentriere dich auf deinen Bauch und stelle dir eine Lichtkugel vor, die deinen Bauch ausfüllt und die mit jedem Atemzug heller und wärmer wird. Sie füllt deinen ganzen Bauchraum aus mit ihrem Licht. Sie dehnt sich auch nach hinten in den unteren Rückenraum aus. Bleibe ein paar Minuten bei diesem Bild und erlaube dir deinen Bauchraum dabei zu entspannen und zu wärmen.

Als nächstes tönen wir dreimal die Silbe Ram (sie stammt aus dem indischen Sanskrit und ist mit dem Solarplexus verbunden) aus dem Bauchraum, ein eher dunkler Ton, wie ein „o“ oder „u“:

Ich atme aus, atme ein und mit dem Ausatmen erklingt die Silbe Ram. Dies wiederholen wir noch zweimal.

Danach erklingt die Zimbel dreimal in die Stille. Sie dient in den Meditationen auch dazu, die Gedanken zu beruhigen. Wenn du keine Zimbel hast, genieße die Stille nach dem Tönen.

Dieses machst du nun auch in gleicher Weise für die Kugel in der Brust, die deinen Herzraum öffnet, wärmt und erhellt

Die Kugel wird mit jedem Atemzug heller und wärmt deinen Brustraum. Auch hier tönen wir dreimal Ram, der Ton ist eher ein „a“. Danach dreimal die Zimbel klingen lassen.

Und ebenso für den Kopfraum: Die kleine Kugel im Kopf liegt fünf bis sechs Zentimeter hinter deinem „dritten Auge“. Der Ton klingt noch höher, ist eher ein „i“. Versuch dich trotzdem und trau dich hoch zu tönen. Dann klingt wieder die Zimbel dreimal.

Nun stell dir vor, dass mit dem Ausatmen eine goldene Schnur aus deiner Lichtkugel im Kopf nach unten sinkt. Sie sinkt durch den Kopf und den Hals in die Brust und verschmilzt mit der Kugel in deinem Herzraum. Dann sinkt sie noch tiefer und verbindet sich mit der Kugel in deinem Bauch. So schwingen nun alle Kugeln übereinander und sind mit einer Lichtschnur verbunden. Dein Atem fließt durch diesen Kanal und so fühlst du die Verbindung deiner drei Hauptzentren. Vielleicht möchtest du deinen Sitz verändern, damit die Kugeln leichter übereinander schwingen können.

Jetzt sieh vor deinem inneren Auge, wie die Lichtschnur aus deinem Bauch durch dein Wurzelchakra, deinen Beckenboden noch tiefer in die Erde sinkt, bis zum Mittelpunkt der Erde. Von dort aus ziehst du nun durch diese goldene Schnur frische, nährende Energie mit dem

Atem nach oben durch all deine Zentren. Beim Ausatmen lässt du Dunkles und Angespanntes los. Mach das ein paar Minuten, um dich von der unendlichen Kraft der Erde zu nähren und mit ihrer Energie zu füllen.

Danach öffnest du auch dein Kronen- oder Scheitelchakra und lässt die goldene Schnur in den Himmel wachsen, so dass du dich mit den Kräften des Universums verbunden fühlst. Wie eine reinigende Dusche kannst du dir jetzt vorstellen, dass die Kraft des Universums durch die goldene Schnur oder deinen Lichtkanal nach unten über dein Scheitelchakra in dich hinab strömen, Kopf, Brust und Bauchraum dabei erfrischt werden und beim Ausatmen alles Alte nach unten abfließt, von der Erde aufgenommen und transformieret wird.

So fließt die Bewegung von oben nach unten und du spürst dich in der Verbindung zwischen Himmel und Erde. Lass auch hier den Atem frei fließen ohne Anstrengung.

Widme dich dem ein paar Minuten.

Nun lass die Lichtschnur wieder durch dein Kronenchakra zurückkommen und schließe die Verbindung nach oben. Gleiches mache mit der Lichtschnur in der Erde und schließe die Verbindung nach unten.

Die ursprüngliche Ram-Meditation wird in dem Buch von Paul Rebillot: „Die Heldenreise“ detailliert beschrieben. Ich habe den ersten Teil für die Archetypenmeditation angepasst. Du kannst diesen Teil auch weglassen und eine Phantasiereise machen mit den Meditationstechniken, die du gelernt hast.

Wenn du dich nun den archetypischen Qualitäten zuwendest, sei dir bewusst, dass du sowohl männlich als weibliche Teile in dir haben kannst. Das heißt, wenn du ein Mann bist, kannst du eine Königin haben, wenn du eine Frau bist einen König. Das gilt für alle sieben Archetypen.

Konzentriere dich jetzt auf dein Herzchakra, stelle dir vor, dein Körper ist ein Königreich und lass das Bild deiner Königin/deines Königs erscheinen, der in deinem Herzchakra wohnt. Vielleicht siehst du ein Bild oder du spürst dein Zentrum intensiv, oder es kommt dir eine Farbe, ein Tier oder ein Symbol in den Sinn.. Vielleicht ist dein König, deine Königin ein Schafhirte, eine Hirtin? Lege dich nicht auf ein bestimmtes Bild fest. Lass alles kommen, was kommen mag. Der König/die Königin als archetypisches Bild hat meist ein Zepter, vielleicht auch einen Stab, und trägt die Krone, oder wenn es für dich besser passt: einen Blumenkranz oder einen Hut, oder was auch immer. Lass dir einen wenig Zeit, dieses Bild in dir entstehen zu lassen.

Das Element Luft unterstützt diese Region. Wie geht's deiner König/in-Qualität, was braucht sie, wo kannst du diese Kraft noch mehr für dich einsetzen. Nimmt sie oder er den Thron ein, oder ist der noch von einem Elternteil besetzt? Wie gelingt es dir, in tiefem Mitgefühl für dich und andere zu regieren, Frieden zu schaffen und Gerechtigkeit walten zu lassen?

Dann lass das Bild der Königin/des Königs gehen und richte deinen inneren Blick zur Wilden Frau/zum Wilden Mann. Diese Qualität ist dem Element Erde zugeordnet.

Diese wilde Seite ist verbunden mit deinem Unterleib, dem Wurzelchakra, deinem Beckenboden. Das Steißbein zeigt noch die Verbindung zum Tierreich. In der Wilden Frau/dem Wilden Mann sind wir verbunden mit dem Jäger und Sammler, der Kräuterhexe, dem Druiden, dem Reich der Kobolde, Zwerge und Elfen, der Urmutter, der Urkraft, aus der alles wächst und gedeiht. Sind verbunden mit unseren Urinstinkten. Besitzen die Fähigkeit zu fliehen oder anzugreifen. Hier sitzt unser Grundantrieb, die positive Aggression, sich zur Wehr zu setzen und die natürliche Fähigkeit zur Bewegung. Hier besitzen wir die Fähigkeit neues Leben zu schaffen und zu zeugen, zu gebären, den Sitz unserer Genitalien, die natürliche Fähigkeit zur Fortpflanzung, den Urtrieb.

Das Instrument der Kraft für diese Qualität könnte ein Knüppel sein, ein Holzstück, eine Steinschleuder oder eine Trommel.

Wie viel Platz gibst du dieser spontanen, ursprünglichen Kraft des puren Daseins, der Verbindung zur Erde? Fühlst du dich gut geerdet? Kannst du dich gut schützen, für dich sorgen, dich mit Lebensantrieb nähren? Wie stehst du zu deinem Phallus, deiner Vulva, deiner Lust?

Nun lass auch dieses Bild gehen und gehe im Innen einen Schritt nach oben mit deinem Bewusstsein und deinem Atem. Besuch dein Sexualchakra, zwei bis drei Zentimeter unterhalb deines Nabels. Dort kannst du die Energie deiner Liebenden spüren. Lass ein Bild auftauchen. Deine Liebende/dein Liebender ist mit der Energie des Wassers verbunden und nutzt als Instrument der Kraft die Zauberflöte. Sie oder er spielt das Lied des Lebens, lädt dich ein, das Leben zu genießen, sich dem Leben hinzugeben. Die Fülle und den Reichtum zu genießen, den Tanz zu feiern, die Liebe zu preisen, der Erotik Platz zu geben. Der Sexualität eine sinnliche Note zu verleihen. Mit allen Sinnen die Welt zu entdecken. Sich schön, rund und gewollt zu fühlen. Im Rausch der Liebenden zu fließen, Schmetterlinge im Bauch zu spüren. Die Vielzahl der Köstlichkeiten zu liebkosen.

Wie sieht dein Liebesleben aus, wie bist du verbunden mit deiner Sinnlichkeit und was brauchst du, um diese Energie wieder mehr in dein Leben einzuladen? Deine Lust am Leben zu genießen? Vielleicht spürst du auch eine Verbindung zur wilden Seite in dir.

So lässt du auch dieses Bild wieder gehen und widmest dich deinem nächsten Chakra, dem Solarplexus, oberhalb deines Nabels, dem sogenannten Sonnengeflecht, der Verbindung zwischen Bauch und Herz. Dort ist der Sitz deines Kriegers/deiner Kriegerin. Sie verfügen über die Kraft des Feuers. Mit Schild und Lanze ausgestattet, oder mit Pfeil und Bogen verteidigen sie die Kraft des Herzens, dienen der Königin/dem König aufrichtig, das heißt aufgerichtet. Setzen sich für den Frieden ein und bewahren die Grenzen des Königreichs. Die Kriegerenergie verbunden mit dem Herzen ist friedvoll, schützend und bewahrt. Vielleicht hast du schon ein Bild oder es taucht jetzt eines auf. Oder du spürst die Feuerkraft in deinem Rumpf.

Wie geht es dieser kriegerischen, kämpferischen Energie in dir, deiner Standhaftigkeit, deinem aufrichtig sein? Wie viel Platz hat diese Kraft in deinem Leben und darf sie sich zeigen? Vielleicht bist du auch ein müder Krieger/eine müde Kriegerin, dann wäre es vielleicht an der Zeit, nicht mehr so viel kämpfen zu müssen und der Lebenslust wieder mehr Raum zu geben, oder deiner Herzensliebe?

So streifen wir nochmal an der königlichen Seite vorbei. Spüre jetzt in dein Herzchakra: Wie ist die Verbindung nach unten zu den wilden, lustvollen und kriegerischen Qualitäten? Was könntest du tun, um mehr Verbindung zu bekommen, damit dein Handeln vom Herzen her geleitet wird?

Im Königreich gibt es auch den Narren und die Närrin. Sie sind ausgestattet mit Narrenspiegel und Narrenkappe. Der Narr/die Närrin darf am Hofe ungeschminkt die Wahrheit sagen und wird nicht dafür geköpft. Diese Qualität ist mit dem Kehlkopfchakra verbunden, mit unserer Fähigkeit zu tönen, in unsere Stimme und den kreativen Ausdruck zu kommen. Wie im Fasching oder Karneval ein bisschen verrückt und unbeherrscht zu sein. Lachen und Humor ins Königreich zu bringen. Sich seiner Spiegelungen immer bewusster zu werden, Licht und Schatten zu integrieren.

Plaudern, hüpfen, springen, prusten.. Gesang und Musik, Witz und Torheit. Lass ein Bild entstehen und spür die Energie, die vom Kehlkopfchakra ausgeht.

Wie närrisch darf es in deinem Leben zugehen? Erhebst du auch mal deine Stimme, kommt deine Kreativität zum Zuge. Was könntest du verändern, um dieser Qualität mehr Kraft und Volumen zu geben?

Konzentriere dich nun auf dein Stirnchakra. Der Magier/die Magierin besitzt den Zauberstab oder die Zauberkugel, ist verbunden mit dem dritten Auge und lenkt unsere Gedanken, vermittelt über Symbole zwischen Materie und Geist. Kennt die spirituellen Gesetze und setzt sie hoffentlich weißmagisch zum Wohle des Königreichs ein. Spinnt Projekte im Netz des Universums. Visionen und positive Gedankenkraft strömen aus unseren magischen Fähigkeiten. Lass nun ein Bild deiner Magierin/deines Magiers kommen. Kennst du es, dass sich dein Magier/deine Magierin manchmal verzettelt, ungeerdete Gedanken, Hirngespinste spinnt, neurotisch an alten Weltbildern und Botschaften hängt? Völlig losgelöst ein Eigenleben führt?

Was auch immer, wie ist es jetzt im Moment? Ist deine Magierin im Dienste des Herzens verbunden mit den unteren Kräften deines Rumpfes und Bauches?

Was braucht deine magische Qualität in dir, um sich entfalten zu können, frei fliegen und trotzdem geerdet zu sein, mit dem Herzen zu denken?

Nun lass auch dieses Bild gehen und wende deine Aufmerksamkeit dem siebten Chakra zu, dem Scheitel- oder Kronenchakra. Hier sitzt die Kraft deiner Weisen/deines Weisen. Diese archetypische Qualität zeigt sich in jedem Königreich und als Heiliger, Priester, verbunden mit dem göttlichen Wissen. Bei den Urvölkern war der Medizinmann oder Schamane sehr erdverbunden.

Inzwischen ist der Kontakt zur Erde oft abgeschnitten. Der Weise in uns führt ein Eremitenleben und wendet sich der Erleuchtung zu, ohne ins Handeln kommen zu müssen. Die pure göttliche Verbindung steht im Vordergrund. Meditation und in die Stille kommen. Der unendlichen Leere begegnen, dem Nichts, aus dem Alles ist.

Demütig mit Bettelstab und Kapuze zelebriert er oder sie seine/ihre Rituale im Dienste der großen, heiligen Existenz, die wir im Christentum Gott nennen.

Kennst du das auch, dass diese göttliche Instanz oft völlig abgeschnitten ist von unserem Alltagsleben? Wir gehen in die Kirche, zu Zeremonien und heiligen Stätten, begegnen Engeln in Seminaren und erheben unseren Geist durch Meditation wie jetzt in himmlische Sphären und tönen göttliche Mantren. Das ist schön, doch lade deine weise archetypische Qualität genau jetzt, hier in dieser Meditation ein, dich zu begleiten, dich an der göttlichen Weisheit teilhaben zu lassen und weiter im Kontakt mit deinem Körper, deinem Königreich zu sein. Im Hier und Jetzt weise und liebevoll zu handeln, dich einzusetzen und deine Lebenskraft sprudeln zu lassen, so dass dein Lachen die Räume erhellt.

Nimm dir nun ein wenig Zeit, dein inneres archetypisches Team an einen Tisch zu laden oder zu einer Versammlung. Wie stehen sie zueinander und welche Qualität braucht mehr, welche weniger Raum und Aufmerksamkeit? Die Königin/der König sollte im Mittelpunkt stehen.

Dann komm wieder zurück und lass die Bilder gehen, spür dich in der Verbindung zur Erde und wir tönen zum Abschluss noch einmal das Ram aus dem Bauch. Die Zimbel erklingt ein letztes Mal, wir öffnen die Augen, begegnen der Gruppe und nehmen uns wieder in der Realität wahr.

Archetypentanz nach der Musik von Somos Organicos

Der gesamte Tanz aller Archetypen auf die Musik der beiliegenden CD rundet alles ab, fasst zusammen und reinigt die Chakren. Jeder folgt dem Rhythmus der Musik mit eigenen authentischen Bewegungen. Lass dich überraschen. Kein Tanz gleicht dem eines anderen und jeder Archetypentanz ist wieder anders, wenn du ihn öfters tanzt.

Wichtig dabei ist, nicht in einem Pol zu verweilen, sollte die Schattenseite auftreten, sondern sich weiter zu bewegen. Alles in Bewegung zu setzen, Schatten zu tanzen und dann wieder die Sehnsucht oder das Licht des Archetypen, damit beide Pole berücksichtigt sind und wir nicht in alten Gefühlen und Bewegungen hängenbleiben oder in der Bewegungslosigkeit. Es muss auch kein schöner Tanz sein, sondern ein Tanz für dich oder die Teilnehmer/innen deiner Gruppe. Ein Fest der Archetypen.

Erlaube dir zu tönen, dich frei zu bewegen und schließe immer mal wieder die Augen, um ganz in deinem Königreich anzukommen. Viele Menschen lieben es, in unseren Kursen mit einer Augenbinde in einem abgegrenzten Raum zu tanzen, mit einem Hüter/einer Hüterin an ihrer Seite, oder einem Therapeuten/einer Therapeutin, die dich oder die Gruppe begleitet. Felder müssen mit Matten und Decken gut abgegrenzt sein, um sich sicher frei und blind bewegen zu können, ohne sich zu verletzen. Als Begleitung ist es sinnvoll, es selbst ausprobiert zu haben.

Für den Tanz der Archetypen brauchst du eine Stunde. Du kannst ihn alleine tanzen oder in der Gruppe.

Abschließende Übungen

Archetypen-Statuen

Eine Möglichkeit, die Archetypen körperlich zu spüren, ist, alle Archetypen-Positionen, Haltungen und Statuen zu wiederholen, zu verbinden und sie dann über verbindende Bewegungen aneinanderzureihen, so dass ein langsamer Tanz entsteht, ähnlich wie im Tai Chi.

Tücherritual zum Abschluss einer Übung

Eine Sonne, die wir mit unseren Tüchern legen, kann eine Übungsreihe zu den Archetypen beenden. Wir kommen dabei Schulter an Schulter in die Mitte zusammen. Ich halte die Tücher mit der rechten Hand an einem Zipfel nach oben, ich drehe mich in einer halben Drehung nach links, meine rechte Schulter schaut nach innen, wir halten die Tuchzipfel noch höher, um uns mit dem Himmel zu verbinden, lassen sie dann nach unten sinken, um uns mit der Erde zu verbinden. Dann legen wir den Zipfel des Tuches ab, ohne es loszulassen. Die Spitze des Tuches ziehen wir ein wenig rückwärts nach außen. Fertig ist die Sonne.

Aus Tüchern können viele Formen wie Sterne, Blumen, Symbole geformt werden, mit denen man Übungsreihen abschließen kann.

Abschlussreflexion

Nach dem Tanzen wähle ich eine meditative Musik, damit die TänzerInnen alle Archetypen nachspüren können, im Stehen, Sitzen oder Liegen.

Eine Abschlussreflexion in Paaren oder auch für dich alleine, um einen erster konkreten Schritt im Alltag zu entwickeln, kann danach noch klärend sein.

Fragen dazu sind:

- Was hat sich verändert?
- Welcher Archetyp braucht die meiste Unterstützung? Wo braucht er sie?
- Was wünsche ich mir für diesen Archetyp?
- Welche praktischen Möglichkeiten gibt es im Alltag für mich, diese Qualität mehr zu leben?
- Wie ist das Verhältnis der Königin, des Königs zu den anderen Archetypen deines Königreiches?
- Wie würdest du merken, dass sich etwas verändert hat?
- Wer könnte etwas dagegen haben?

Schlusswort

Ich habe inzwischen in Gruppen viele Tänze, Übungen und Meditationen zu den Archetypen durchgeführt. Alle Menschen, die teilnahmen, hatten Bilder, Gefühle, die sie in Gesprächsrunden mitteilten und sie fanden spontane Bewegungen dazu. Ich könnte inzwischen ein Archetypenmärchenbuch schreiben. Es ist faszinierend, wie die Menschen auf diese sieben Qualitäten in Verbindung mit den Chakren reagieren, immer wieder, mit ihren eigenen Geschichten und Bewegungen.

Das wünsche ich Dir auch, wo auch immer du dieses Wissen anwendest, das du gerade gelesen hast, dass es dich verzaubert und dir eine Hilfe ist, deine Persönlichkeit zu verändern, zu stärken und andere dafür zu begeistern. So trägst du bei zum Wandel in unserer Gesellschaft, setzt dich ein für die Gesundheit von Körper, Seele und Geist, förderst die Liebesfähigkeit und Friedfertigkeit: Wahrer Klima- und Umweltschutz auf der Persönlichkeitsebene.

Alles Liebe für dich auf deinem Weg als Tänzerin und Tänzer in deinem Königreich! Viel Freude dabei, dein Licht als gestaltende und handlungsfähige Person in die Welt zu tragen, in eine Welt, die starke Persönlichkeiten, die dich braucht.

Ich freu mich, wenn wir uns begegnen.

Sonja Mittermair

Diese Geschichte bekam ich per E-Mail. Sie bestätigt mich in dem, was ich mache und lehre:

Die Geschichte von der Tänzerin

Einst kam zum Hof des Fürsten von Birkasha eine Tänzerin mit ihrer Musikantentruppe. Und sie erhielt Einlass und tanzte vor dem Fürsten zur Begleitung der Laute und der Flöte und der Zither.

Sie tanzte den Flammentanz und den Schwert- und Speertanz, sie tanzte den Sternentanz und den Tanz des Weltraums. Und sie tanzte den Tanz der Blumen im Winde.

Danach trat sie vor den Thron des Fürsten und verneigte sich. Und der Fürst forderte sie auf, näher zu treten, und sagte zu ihr: „Schöne Frau, Tochter der Anmut und des Entzückens, woher rührt Deine Kunst? Und wie kommt's, dass du in deinen Rhythmen und deinen Weisen alle Elemente beherrscht?"

Da verneigte sich die Tänzerin wieder vor dem Fürst und antwortete: „Mächtige und huldvolle Majestät, ich weiß keine Antwort auf Eure Fragen. Nur dieses weiß ich: Die Seele des Philosophen haust in seinem Kopf, des Dichters Seele ist im Herzen; des Sängers Seele schwebt um seine Kehle, doch die Seele der Tänzerin wohnt in ihrem ganzen Körper."

(aus Khalil Gibran: *Der Wanderer*)

Danksagung

Ich danke an erster Stelle meinem Mann, Franz Mittermair. Er hat mich inspiriert, die Archetypen zu tanzen, mich angefeuert, daran zu feilen und motiviert, dieses Buch fertigzustellen. Außerdem hat er die Feinarbeit wie Druck und Layout übernommen.

Meiner Familie danke ich, die an mich glaubt und meine Projekte unterstützt.

Mierta Zurflüh danke ich dafür, dass sie ihre Bodypainting-Fotos zeitgleich zur Textproduktion zur Verfügung gestellt hat. Das hat mich so motiviert, weiter zu machen und diese Bilder passen perfekt ins Buch. Danke auch an ihren erfahrenen Fotografen Beat Frutiger für die professionelle Bildgestaltung.

Somos Organicos, den Musikern, die den Sound zu den Archetypen kreiert haben, danke ich für die großartigen Rhythmen und die Bereicherung durch die Präsenz in meinen Workshops. Herzlichen Dank auch dafür, dass Sie sich bereit erklärt haben, ihr Album für dieses Buch zur Verfügung zu stellen.

Allen Teilnehmerinnen und Teilnehmern meiner Ausbildungen und Workshops danke ich für ihr Interesse, ihren Tanz und ihre Neugier, Neues zu probieren und mit mir zu experimentieren. Auch für ihr unermüdliches Nachfragen, wann denn das Buch fertig ist, danke ich ihnen.

Kristina Wrede danke ich für ihr spontanes geduldiges Lektorat.

Literatur

Blankertz, Stefan/Doubrawa, Erhard: Lexikon der Gestalttherapie, Peter Hammer Verlag 2005

Bly, Robert: Der Schatten, Eagle Books 2018

Cantieni, Benita: Tigerfeeling: Das perfekte Beckenbodentraining für sie und ihn, Südwest Verlag 2012(7)

Davies, Brenda: Chakras. Tore zur Seele, Heyne Taschenbuch 2007(5)

Gibran, Khalil: Der Wanderer, dtv 2009

Govinda, Kalashatra: Chakra Praxisbuch, Irisiana Verlag 2014(3)

Mittermair, Franz: Neue Helden braucht das Land, Eagle Books 2019(2)

Rebillot, Paul: Die Heldenreise. Das Abenteuer der kreativen Selbsterfahrung, Eagle Books 2016(2)

Sanford, John A.: Unsere unsichtbaren Partner, Eagle Books 2018

Sharamon, Shalila/Baginski Bodo J.: Das Chakra-Handbuch, Windpferd 2007(51)

Van der Kroon, Toon: Die Rückkehr des Löwen, Bauer Verlag 1999(2)

Bildnachweis

Fotos zu den Archetypen: Beat Frutiger (www.fru.ch)

Seite 22: Dörte Schulz-Altmann

Seite 68: Kristina Wrede

Seite 75: Heike Karl

Seite 76: Franz Mittermair

Ausbildung in Transformativer Tanztherapie des Instituts für Gestalt und Erfahrung IGE®

Diese Ausbildung unter Leitung von Sonja Mittermair verbindet die Gestalttherapie, die Wissen über Wahrnehmung und Kontakt im Hier und Jetzt vermittelt, mit Inhalten, Erfahrungen und Übungen aus der Tanz- und Bewegungstherapie.

Die ganzheitliche Grundstruktur der Heldenreise bildet für die Transformative Tanztherapie den strukturellen und inhaltlichen Rahmen. Dem körperlichen und geistigen Bewusstsein, der Freude an der Bewegung, der Entdeckung des eigenen Rhythmus und der nachhaltigen Gesundheitsprävention durch Erfahrung widmet sich diese Ausbildung.

Unterstützt wird Sonja Mittermair von Gasttrainern oder Trainerinnen mit ihrer spezifischen Kompetenz.

Informationen unter www.tanztherapieausbildung.de

Dieses Buch schafft es, Therapeuten, Suchende und einfach nur Interessierte gleichermaßen zufrieden zu stellen. Wer sich oder andere auf den Weg bringen will zu einem selbstbestimmten und selbstverantworteten Leben, kommt daran nicht vorbei.

Wolfgang Zaska

Franz Mittermair, Gestalt-/Körpertherapeut, Leiter des Instituts für Gestalt und Erfahrung, hat in diesem Buch die "Große Heldenreise" im Blick, den mythologischen Weg der Heldin und des Helden als Leitlinie und Unterstützung für den persönlichen Lebensweg.

Das Werk schildert anschaulich die einzelnen Stationen, zu denen Aufbruch, Herkunft, Identität, Schatten, Tod und Auferstehung sowie die Rückkehr gehören. Mit zahlreichen Übungen, Praxisbeispielen und Geschichten.

Franz Mittermair: Neue Helden braucht das Land. Persönlichkeitsentwicklung und Heilung durch Rituelle Gestaltarbeit, Eagle Books, 2. Auflage 2019, gebunden, 252 Seiten, 29,80 € (D), ISBN 978-3-9813672-1-8

Auch als Ebook erhältlich

Es ist in den tiefsten, dunkelsten Tiefen unseres Unbewussten, wo wir das reinste Gold finden können, den verborgenen Schatz der Essenz dessen, wie wir gedacht sind zu sein. Ich empfehle dieses Buch vor allem denen, die in "Womens Studies" involviert sind, in die Erforschung des Femininen, oder die selbst in Therapie sind. Es ist für ersthafte Studenten und Entdecker der Seele geschrieben.

Paige Ellen Stone, Goodread

Sylvia Brinton Perera, Jungsche Analytikerin, Therapeutin und Autorin beschreibt anhand des mindestens fünftausend Jahre alten Inanna-Mythos, was Frauen brauchen, um sich aus den übermächtigen Normen der männlich geprägten Gesellschaft zu befreien und zur weiblichen Urkraft zurück zu finden.

Ein Buch auch für Männer, die ihre weibliche Seite reifen lassen wollen.

Sylvia Brinton Perera: Inannas Abstieg zur dunklen Schwester. Eine weibliche Initiation, Eagle Books, Neuausgabe, 1. Auflage 2018, Paperback, 180 Seiten, 19,80 € (D), ISBN 978-3946136-11-8

Auch als Ebook erhältlich

Hinweise zur CD

Die Musik auf der beiliegenden CD stammt von Somos Organicos aus Zürich. Das sind Damian Benedetti, Michael Köng und Beat Nydegger. Bekannt sind sie für ihre Live-Trancetänze in Zürich und anderen Orten der Schweiz.

Aufgenommen wurde das Album am 25. Juni 2016 in Landau an der Isar beim Abschluss der Ausbildungsgruppe in Transformativer Tanztherapie mit Unterstützung von Jochen Scheffter, München.

Tracks:

1 Wild Man/Woman 9.07

2 Lover 8.08

3 Warrior 8.15

4 King/Queen 8.26

5 Jester 10.25

6 Magician 8.38

7 Holy Man/Woman 9.28

Kontakt: intrance@somosorganicos.ch